10
18

12, AVENUE D'ITALIE. PARIS XIIIe

ELSA DELACHAIR

L'ART DE L'INSULTE

Une anthologie littéraire

Illustré par Yann Legendre

10/18

ÉDITIONS INCULTE

Pour la présente édition, sauf mentions contraires
© Éditions Inculte, 2010. Droits réservés.
ISBN : 978-2-264-05552-1

Pour Patrick, qui m'en a appris de belles.

De sérieux remerciements à Aurélie et Samuel.
Et à Mathilde Helleu et François Lacire aussi.

SOMMAIRE

« POISSON POURRI DE SALONIQUE » : DU CONFLIT SOCIAL ET POLITIQUE

« CHER CONNARD » : DE L'ÉPÎTRE

POUR FINIR... UNE LEÇON DE POLITESSE

EN GUISE DE PRÉFACE

Variation sur l'insulte

RAYMOND QUENEAU

Exercices de style

Notations

Dans l'S, à une heure d'affluence. Un type dans les vingt-six ans, chapeau mou avec cordon remplaçant le ruban, cou trop long comme si on lui avait tiré dessus. Les gens descendent. Le type en question s'irrite contre un voisin. Il lui reproche de le bousculer chaque fois qu'il passe quelqu'un. Ton pleurnichard qui se veut méchant. Comme il voit une place libre, se précipite dessus.

Injurieux

Après une attente infecte sous un soleil ignoble, je finis par monter dans un autobus immonde où se serrait une bande de cons. Le plus con d'entre ces cons était un boutonneux au sifflet démesuré qui exhibait un galurin grotesque avec un cordonnet au lieu de ruban. Ce prétentiard se mit à râler parce qu'un vieux con lui piétinait les panards avec une fureur sénile ; mais il ne tarda pas

Deux heures plus tard, je le rencontre cour de Rome, devant la gare Saint-Lazare. Il est avec un camarade qui lui dit : « Tu devrais faire mettre un bouton supplémentaire à ton pardessus. » Il lui montre où (à l'échancrure) et pourquoi.

à se dégonfler et se débina dans la direction d'une place vide encore humide de la sueur des fesses du précédent occupant.

Deux heures plus tard, pas de chance, je retombe sur le même con en train de pérorer avec un autre con devant ce monument dégueulasse qu'on appelle la gare Saint-Lazare. Ils bavardochaient à propos d'un bouton. Je me dis : qu'il le fasse monter ou descendre son furoncle, il sera toujours aussi moche, ce sale con.

POUR COMMENCER

Sobre et efficace

JULES RENARD

Journal

15 octobre 1901

Toulouse-Lautrec était sur son lit, mourant, quand son père, un vieil original, vient le voir et se met à attraper des mouches. Lautrec dit : « Vieux con ! » et meurt.

« PETITE SALOPE »

Des putes et des maquereaux

ARTHUR RIMBAUD

L'Orgie parisienne
ou Paris se repeuple

Ô lâches, la voilà ! dégorgez dans les gares !
Le soleil expia de ses poumons ardents
Les boulevards qu'un soir comblèrent les Barbares.
Voilà la Cité belle assise à l'occident !

Allez ! on préviendra les reflux d'incendie,
Voilà les quais ! voilà les boulevards ! voilà,
Sur les maisons, l'azur léger qui s'irradie,
Et qu'un soir la rougeur des bombes étoila.

Cachez les palais morts dans des niches de planches !
L'ancien jour effaré rafraîchit vos regards.
Voici le troupeau roux des tordeuses de hanches,
Soyez fous, vous serez drôles, étant hagards !

Tas de chiennes en rut mangeant des cataplasmes,
Le cri des maisons d'or vous réclame. Volez !

Mangez ! Voici la nuit de joie aux profonds spasmes
Qui descend dans la rue, ô buveurs désolés,

Buvez ! Quand la lumière arrive intense et folle
Fouillant à vos côtés les luxes ruisselants,
Vous n'allez pas baver, sans geste, sans parole,
Dans vos verres, les yeux perdus aux lointains blancs ?

Avalez, pour la Reine aux fesses cascadantes !
Écoutez l'action des stupides hoquets
Déchirants. Écoutez sauter aux nuits ardentes
Les idiots râleux, vieillards, pantins, laquais !

Ô cœurs de saleté, bouches épouvantables,
Fonctionnez plus fort, bouches de puanteurs !
Un vin pour ces torpeurs ignobles, sur ces tables...
Vos ventres sont fondus de hontes, ô Vainqueurs !

Ouvrez votre narine aux superbes nausées,
Trempez de poisons forts les cordes de vos cous,
Sur vos nuques d'enfants baissant ses mains croisées
Le Poète vous dit : ô lâches, soyez fous !

Parce que vous fouillez le ventre de la Femme
Vous craignez d'elle encore une convulsion
Qui crie, asphyxiant votre nichée infâme
Sur sa poitrine, en une horrible pression ?

Syphilitiques, fous, rois, pantins, ventriloques,
Qu'est-ce que ça peut faire à la putain Paris,
Vos âmes et vos corps, vos poisons et vos loques ?
Elle se secouera de vous, hargneux pourris !

Et quand vous serez bas, geignant sur vos entrailles,
Les flancs morts, réclamant votre argent, éperdus,
La rouge courtisane aux seins gros de batailles,
Loin de votre stupeur tordra ses poings ardus !

Quand tes pieds ont dansé si fort dans les colères,
Paris ! quand tu reçus tant de coups de couteau,
Quand tu gis, retenant dans tes prunelles claires,
Un peu de la bonté du fauve renouveau,

Ô cité douloureuse, ô cité quasi morte,
La tête et les deux seins jetés vers l'Avenir
Ouvrant sur ta pâleur ses milliards de portes,
Cité que le Passé sombre pourrait bénir,

Corps remagnétisé pour les énormes peines,
Tu rebois donc la vie effroyable ! tu sens
Sourdre le flux des vers livides en tes veines,
Et sur ton clair amour rôder les doigts glaçants !

Et ce n'est pas mauvais. Les vers, les vers livides
Ne gêneront pas plus ton souffle de Progrès
Que les Stryx n'éteignaient l'œil des Cariatides
Où des pleurs d'or astral tombaient des bleus degrés.

Quoique ce soit affreux de te revoir couverte
Ainsi ; quoiqu'on n'ait fait jamais d'une cité
Ulcère plus puant à la Nature verte,
Le Poète te dit « Splendide est ta Beauté ! »

L'orage t'a sacrée suprême poésie ;

L'immense remuement des forces te secourt ;
Ton œuvre bout, la mort gronde, Cité choisie !
Amasse les strideurs au cœur du clairon lourd.

Le Poète prendra le sanglot des Infâmes,
La haine des Forçats, la clameur des Maudits :
Et ses rayons d'amour flagelleront les Femmes.
Ses strophes bondiront, voilà ! voilà ! bandits !

— Société, tout est rétabli : les orgies
Pleurent leur ancien râle aux anciens lupanars :
Et les gaz en délire aux murailles rougies
Flambent sinistrement vers les azurs blafards !

CHARLES BAUDELAIRE

Mon cœur mis à nu

La jeune fille des éditeurs.
La jeune fille des rédacteurs en chef.
La jeune fille épouvantail, monstre, assassin de l'art.
La jeune fille, ce qu'elle est en réalité.
Une petite sotte et une petite salope ; la plus grande imbécillité unie à la plus grande dépravation.
Il y a dans la jeune fille toute l'abjection du voyou et du collégien.

« DES PUTAINS TOUTES LES DÉESSES »

Du blasphème

ANDRÉ CHÉNIER

Aux muses

On dit que le dédain froid et silencieux
Devint une ardente colère,
Lorsque le *Moniteur* vous eut mis sous les yeux
Le sot fatras du sot Barère :
Qu'au Phœbus convulsif de l'ignare pédant,
De honte et de terreur troublées,
Votre front se souvint de ce Thrace impudent,
Qui vous eût toutes violées.
On dit plus : mais je sais combien
chez nos plaisants
Grâce, pucelage et faconde
Exposent une belle à ces bruits médisants ;
Ils veulent que sur cet immonde,
Vous ayez, mais tout bas, aux effroyables sons
D'apostrophes trop masculines,
Joint : *pied-plat, gredin, cuistre,*
et d'autres maudissons,
Peu faits pour vos lèvres divines ;

Dignes de lui, d'accord ; mais indignes de vous.
Ces gens n'ont point votre langage.
N'apprenez point le leur. Un ignoble courroux
Justifie un ignoble outrage.

PAUL SCARRON

Le Virgile travesti

Croyoit-il gagner une épave
En risquant d'aller *ad patres* ?
Ce qu'il fit non *ad honores*,
Mais réellement, dont enrage
Le bon Troyen qui, dans sa rage,
D'un dard ou bien d'un javelot,
Fit à Mézence faire un rot,
Faisant un trou près sa bedaine :
Le pauvre diable en eut dans l'aine.
Son fils, qui l'aimoit tendrement,
Versa des pleurs abondamment,
Chanta piteuse litanie
Sur une telle tyrannie,
Appela le sort un faquin,
Jupiter fut un maroquin,
Junon fut une péronnelle,
Vénus fut une maquerelle,
Et Mars un pied plat, un dourdier,

Mais Neptune un vinaigrier,
Des putains toutes les déesses
(Je crois qu'il dit même ivrognesses),
Des flagorneurs furent les dieux,
Et des Lucifers les pieux.
Mais que ne dit-il pas d'Énée
Et de sa valeur erronée ?
Il le traita de fagotin,
De malheureux pleure-sans-fin,
Dit qu'il ne valoit pas le pendre,
Enfin, à le voir, à l'entendre,
On jugeoit de son désespoir,
Même de son malin vouloir.
Alors, pour être quitte à quitte,
Ce Lausus au combat s'excite,
Prend pour un sou de brandevin,
Endosse l'armet de Membrin,
Court au galop à l'offensive.
Æneas, sur la défensive,
L'attend de pied ferme et lui dit :
« Quoi ! prétends-tu, petit chienlit,
Avec cette ardeur effrontée,
Te mesurer avec Énée,
Moi la perle des paladins,
L'unique inventeur des gourdins,
La terreur de tous les faux braves,
Et l'épouvantail des Bataves ? »
Mézence, pendant ce discours,
Clopinant, fut chercher secours
Dans son camp, près de la rivière.
Cependant une fourmilière
De traits tombe sur le Troyen.

36

Qui toujours, d'un même maintien,
Suivoit sa valeur et sa proie,
Et les suivait même avec joie.
Enfin, joignant Lausus de près,
Sa fureur doubla d'un accès,
Surtout quand il vit l'impudence
De l'étourdi fils de Mézence,
Véritable tête à l'évent,
Qui juroit plus fort que devant
Contre les dieux et les déesses,
Contre les Parques, ces traîtresses,
Contre lui, contre les Troyens,
Les appelant toujours des chiens,
Dont les Parques bien enragèrent
Et tout aussitôt se vengèrent
En coupant le fil de ses jours,
Ce qui, fait, est fait pour toujours.
Æneas, de sa grande épée,
Plus fier que ne fut un Pompée,
Éventra le sac à boudin
De ce désespéré blondin.
Son habit fait en broderie,
Par sa mère toujours chérie,
En fut arrosé de son sang,
Qui, coulant tout le long du flanc,
Fit un ruisseau sur la poussière,
Qui bientôt fut une rivière.
Son âme, en grande affliction,
Après une telle action,
Partit en voiture un peu lente
Pour se trouver chez Rhadamante.
Ce ne fut pas sans sangloter,

Sans murmurer, ni sans pester ;
Mais à la mort point de ressources :
C'est une coupeuse de bourses,
Qui, quand une fois elle prend,
Ma foi, jamais elle ne rend.

« TAS DE PEIGNE-CULS ! »

Douceur de mots d'enfants

LOUIS PERGAUD

La Guerre des boutons

Les Longevernes s'avançaient habituellement jusqu'au contour, gardant la boucle du chemin, bien que l'autre côté appartînt encore à leur commune et le bois de Velrans aussi, mais comme ce bois était tout près du village ennemi, il servait aux adversaires de camp retranché, de champ de retraite et d'abri sûr en cas de poursuite, ce qui faisait rager Lebrac :

— On a toujours l'air d'être envahi, nom de D… !

Or, il n'y avait pas cinq minutes qu'on avait fini son pain, que Camus le grimpeur, posté en vigie dans les branches du grand chêne, signalait des remuements suspects à la lisière ennemie.

— Quand je vous le disais ! constata Lebrac. Calez-vous, hein ! qu'ils croient que je suis tout seul ! Je m'en vas les houksser ! kss ! kss ! attrape ! et si des fois ils se lançaient pour me prendre… hop !

Et Lebrac, sortant de son couvert d'épines, la conversation diplomatique suivante s'engagea dans les formes habituelles : (Que le lecteur ici ou la lectrice veuille bien me permettre une incidente et un conseil. Le souci de la vérité historique m'oblige à employer un langage qui n'est pas précisément celui des cours ni des salons. Je n'éprouve aucune honte ni aucun scrupule à le restituer, l'exemple de Rabelais, mon maître, m'y autorisant. Toutefois, MM. Fallières ou Bérenger ne pouvant être comparés à François Ier, ni moi à mon illustre modèle, les temps d'ailleurs étant changés, je conseille aux oreilles délicates et aux âmes sensibles de sauter cinq ou six pages. Et j'en reviens à Lebrac :)

— Montre-toi donc, hé grand fendu, cudot, feignant, pourri ! Si t'es pas un lâche, montre-la ta sale gueule de peigne-cul ! va !

— Hé grand'crevure, approche un peu, toi aussi, pour voir ! répliqua l'ennemi.

— C'est l'Aztec des Gués, fit Camus, mais je vois encore Touegueule, et Bancal et Tatti et Migue la Lune : ils sont une chiée.

Ce petit renseignement entendu, le grand Lebrac continua :

— C'est toi hein, merdeux ! qu'as traité les Longevernes de couilles molles. Je te l'ai-t-y fait voir moi, si on est en des couilles molles ! I gn'a fallu tous vos pantets pour effacer ce que j'ai marqué à la porte de vot'église ! C'est pas des foireux comme vous qu'en auraient osé faire autant.

— Approche donc un peu « pisque » t'es si malin, grand gueulard, t'as que la gueule… et les gigues pour « t'ensauver » !

— Fais seulement la moitié du chemin, hé ! pattier ! C'est pas passe que ton père tâtait les couilles des vaches sur les champs de foire que t'es devenu riche !

— Et toi donc ! ton bacul où que vous restez 'est tout crevi d'hypothèques !

— Hypothèque toi-même, traîne-besache ! Quand c'est t'y que tu vas reprendre le fusil de toile de ton grand-père pour aller assommer les portes à coups de « Pater » ?

— C'est pas chez nous comme à Longeverne, où que les poules crèvent de faim en pleine moisson.

— Tant qu'à Velrans c'est les poux qui crèvent sur vos caboches, mais on ne sait pas si c'est de faim ou de poison.

Velri
Pourri
Traîne la Murie
À vau les vies

Ouhe !… ouhe !… ouhe !… fit derrière son chef le chœur des guerriers Longevernes incapable de se dissimuler et de contenir plus longtemps son enthousiasme et sa colère. L'Aztec des Gués riposta :

Longeverne
Pique merde,
Tâte merde,
Montés sur quatre pieux
Les diabl' te tir' à eux !

Et le chœur des Velrans applaudit à son tour frénétiquement le général par des Euh ! euh ! prolongés et euphoniques. Des bordées d'insultes furent jetées de part et d'autre en rafales et en trombes ; puis les deux

43

chefs, également surexcités, après s'être lancé les injures classiques et modernes :

— Enfonceurs de portes ouvertes !

— Étrangleurs de chats par la queue [De mon temps on ne parlait pas encore de roulure de capote ni d'échappé de bidet. On a fait des progrès depuis.] ! etc., etc., revenant au mode antique, se flanquèrent à la face avec toute la déloyauté coutumière les accusations les plus abracadabrantes et les plus ignobles de leur répertoire :

— Hé ! t'en souviens-tu quand ta mère p... dans le rata pour te faire de la sauce !

— Et toi, quand elle demandait les sacs au châtreur de taureaux pour te les faire bouffer en salade !

— Rappelle-toi donc le jour où ton père disait qu'il aurait plus d'avantage à élever un veau qu'un peut merle comme toi !

— Et toi ? quand ta mère disait qu'elle aimerait mieux faire téter une vache que ta sœur, passe que ça serait au moins pas une putain qu'elle élèverait !

— Ma sœur, ripostait l'autre qui n'en avait pas, elle bat le beurre, quand elle battra la m... tu viendras lécher le bâton ; ou bien : elle est pavée d'ardoises pour que les petits crapauds comme toi n'y puissent pas grimper !

— Attention, prévint Camus, v'là le Touegueule qui lance des pierres avec sa fronde.

Un caillou, en effet, siffla en l'air au-dessus des têtes, auquel des ricanements répondirent, et des grêles de projectiles rayèrent bientôt le ciel de part et d'autre, cependant que le flot écumeux et sans cesse grossissant d'injures salaces continuait de fluctuer du Gros Buisson à la lisière, le répertoire des uns comme des autres étant aussi abondant que richement choisi.

Mais c'était dimanche : les deux partis étaient vêtus de leurs beaux affutiaux et nul, pas plus les chefs que les soldats, ne se souciait d'en compromettre l'ordonnance dans des corps à corps dangereux. Aussi toute la lutte se borna-t-elle ce jour-là à cet échange de vues, si l'on peut dire, et à ce duel d'artillerie qui ne fit d'ailleurs aucune victime sérieuse, pas plus d'un côté que de l'autre. Quand le premier coup de la prière sonna à l'église de Velrans, l'Aztec des Gués donna à son armée le signal du retour, non sans avoir lancé aux ennemis, avec une dernière injure et un dernier caillou, cette suprême provocation :

— C'est demain qu'on vous y retrouvera, les couilles molles de Longeverne !

— Tu fous le camp ! hé lâche ! railla Lebrac ; attends un peu, oui, attends à demain, tu verras ce qu'on vous passera, tas de peigne-culs !

Et une dernière bordée de cailloux salua la rentrée des Velrans dans la tranchée du milieu qu'ils suivaient pour le retour.

« CHAROGNE ! »

Des mots d'amour

MOLIÈRE

Le Médecin malgré lui

SGANARELLE

Non, je te dis que je n'en veux rien faire, et que c'est à moi de parler et d'être le maître.

MARTINE

Et je te dis, moi, que je veux que tu vives à ma fantaisie, et que je ne me suis point mariée avec toi pour souffrir tes fredaines.

SGANARELLE

Oh ! la grande fatigue que d'avoir une femme ! et qu'Aristote a bien raison, quand il dit qu'une femme est pire qu'un démon !

MARTINE

Voyez un peu l'habile homme, avec son benêt d'Aristote !

SGANARELLE

Oui, habile homme. Trouve-moi un faiseur de fagots qui sache, comme moi, raisonner des choses, qui ait servi six ans un fameux médecin, et qui ait su dans son jeune âge son rudiment par cœur.

MARTINE

Peste du fou fieffé !

SGANARELLE

Peste de la carogne !

MARTINE

Que maudits soient l'heure et le jour où je m'avisai d'aller dire oui !

SGANARELLE

Que maudit soit le bec cornu de notaire qui me fit signer ma ruine !

MARTINE

C'est bien à toi, vraiment, à te plaindre de cette affaire ! Devrais-tu être un seul moment sans rendre grâces au ciel de m'avoir pour ta femme, et méritais-tu d'épouser une femme comme moi ?

SGANARELLE

Il est vrai que tu me fis trop d'honneur, et que j'eus lieu de me louer la première nuit de nos noces ! Eh ! morbleu, ne me fais point parler là-dessus, je dirais de certaines choses…

MARTINE
Quoi ! que dirais-tu ?

SGANARELLE
Baste, laissons là ce chapitre. Il suffit que nous savons
ce que nous savons, et que tu fus bien heureuse de me
trouver.

MARTINE
Qu'appelles-tu bien heureuse de te trouver ? Un
homme qui me réduit à l'hôpital, un débauché, un traître qui me mange tout ce que j'ai ?...

SGANARELLE
Tu as menti ; j'en bois une partie.

MARTINE
Qui me vend, pièce à pièce, tout ce qui est dans le
logis.

SGANARELLE
C'est vivre de ménage.

MARTINE
Qui m'a ôté jusqu'au lit que j'avais !...

SGANARELLE
Tu t'en lèveras plus matin.

MARTINE
Enfin qui ne laisse aucun meuble dans toute la maison.

SGANARELLE

On en déménage plus aisément.

MARTINE

Et qui, du matin jusqu'au soir, ne fait que jouer et que boire.

SGANARELLE

C'est pour ne me point ennuyer.

MARTINE

Et que veux-tu, pendant ce temps, que je fasse avec ma famille ?

SGANARELLE

Tout ce qu'il te plaira.

MARTINE

J'ai quatre pauvres petits enfants sur les bras.

SGANARELLE

Mets-les à terre.

MARTINE

Qui me demandent à toute heure du pain.

SGANARELLE

Donne-leur le fouet. Quand j'ai bien bu et bien mangé, je veux que tout le monde soit saoul dans ma maison.

MARTINE

Et tu prétends, ivrogne, que les choses aillent toujours de même ?

SGANARELLE

Ma femme, allons tout doucement, s'il vous plaît.

MARTINE

Que j'endure éternellement tes insolences et tes
débauches ?

SGANARELLE

Ne nous emportons point, ma femme.

MARTINE

Et que je ne sache pas trouver le moyen de te ranger
à ton devoir ?

SGANARELLE

Ma femme, vous savez que je n'ai pas l'âme endu-
rante, et que j'ai le bras assez bon.

MARTINE

Je me moque de tes menaces !

SGANARELLE

Ma petite femme, ma mie, votre peau vous démange
à votre ordinaire.

MARTINE

Je te montrerai bien que je ne te crains nullement.

SGANARELLE
Ma chère moitié, vous avez envie de me dérober quelque chose.

MARTINE
Crois-tu que je m'épouvante de tes paroles ?

SGANARELLE
Doux objet de mes vœux, je vous frotterai les oreilles.

MARTINE
Ivrogne que tu es.

SGANARELLE
Je vous battrai.

MARTINE
Sac à vin !

SGANARELLE
Je vous rosserai.

MARTINE
Infâme !

SGANARELLE
Je vous étrillerai.

MARTINE
Traître, insolent, trompeur, lâche, coquin, pendard, gueux, bélître, fripon, maraud, voleur !...

SGANARELLE, *il prend un bâton, et lui en donne.*
Ah ! vous en voulez donc ?

MARTINE
Ah ! ah ! ah ! ah !

SGANARELLE
Voilà le vrai moyen de vous apaiser.

PIERRE LOUŸS

Trois Filles de leur mère

Mauricette fut ravie de cette réponse, et Teresa, les mains sur les hanches, reprit avec bonne humeur :

« Voilà ce que je me fais dire ? à moi qui ai sucé trois mille hommes dans mon existence !

— Pas celui-là, dit Lili. Tu es la seule de la famille qui ne connaisse pas le goût de son foutre. Même Ricette ! même Ricette l'a sucé avant toi ! ça c'est épatant !

— Et tu veux me dépuceler cette enfant ! poursuivit Teresa.

— Oh ! la ! la ! cette enfant, répéta Lili. Si j'avais autant de poils au ventre qu'elle en a entre les fesses…

— Ta gueule, toi ! blanc de bidet ! C'est sérieux de prendre un pucelage. Regarde Charlotte, si elle a envie de rire. »

Et Charlotte, qui retenait ses larmes, se jeta sur un divan pour pleurer. Je pris cette occasion de la rejoindre et de lui dire quelques mots affectueux. Elle était si pitoyable… Mais Teresa m'interrompit :

« Laisse donc ! Tu ne connais pas Charlotte. Quand elle aura fini de pleurer elle se branlera et quand elle aura fini de jouir elle aura envie de pleurer. C'est comme ça du matin au soir, je crois qu'elle jouit des larmes et qu'elle pleure du foutre. Mais tiens ! mais tiens ! qu'est-ce que je disais ? »

[...]

Mauricette devint furieuse et passa brusquement aux pires excès de langage : « Ah ! non ! vous vous foutez de moi toutes les trois ! C'est mon amant ! c'est moi qui l'ai trouvé ! C'est moi qui l'ai fait bander la première ! J'ai eu l'honnêteté, la connerie de vous le dire et depuis trois jours vous mouillez dessus, et ce soir où il me dépucelle, il faut encore que j'aie vos restes ? »

Et comme Teresa souriait sans émotion ni surprise, Mauricette, folle de colère, fit alors une scène effroyable. Les paroles passent tous les actes. Je n'avais jamais imaginé qu'une fille, même dressée aux vices, pût dire de pareils mots à sa propre mère. Elle articulait au hasard, d'une voix sans suite, sans raison, pour la joie de lancer les injures dans le désordre et l'incohérence où elle les avait mâchées :

« Ne me touche pas ! je t'emmerde ! je t'emmerde ! et je foutrai le camp cette nuit ! Je t'emmerde, sale vache ! sale grue ! sale gousse ! sale enculée ! sale maquerelle ! sale putain ! Tu ne veux pas qu'on t'appelle comme ça ? Putain ! Putain ! Putain ! Putain ! Putain ! Putain ! Putain ! Putain ! Putain ! Putain ! Fille de putain ! Mère de putains, gousse de putains, branleuse de putains. Je ne suis pas une putain, moi, je suis une pucelle ! Tu as laissé vendre ton pucelage par ta putain de mère, mais moi je ne suis pas une andouille comme toi ! je ne te laisse pas vendre mon pucelage, je le donne ! Tiens, regarde-le, sale maquerelle ! regarde-le, ma garce ! tu en voulais cent louis, tu n'en auras pas cent sous ! tu n'en auras que du foutre et du sang dans la gueule ! »

Debout, les cuisses écartées, la tête en avant, elle ouvrait des deux mains les lèvres de son sexe. Puis elle les referma et parla plus vite de la même voix sourde et haineuse.

« Oui, j'en ai assez de montrer mes nichons dans ton bordel d'enculées ! dans ton bordel de suceuses et de putains à tout faire ! J'en ai assez de te voir à table ramener un filet de foutre à la pointe de ton cure-dents et rire quand tu ne sais plus qui tu as pompé ! J'en ai assez de coucher dans les draps où il n'y a pas une place de sèche, parce que tout le bordel y décharge, les michés, les maquereaux, les gousses et les putains ! J'en ai assez de trouver sur ma toilette une serviette où il y a de la merde, chaque fois qu'un de tes amoureux s'est essuyé la pine dedans. Vache ! Ordure ! Fumier ! Chameau ! Fille de garce ! Moule à bittes ! Gueule de chiottes ! Marchande de chaude-pisse ! Lécheuse de derrières ! Avaleuse d'étrons ! Bouffeuse de vérole ! Compte sur moi maintenant, ma salope ! compte sur moi pour friser les poils de ta connasse ou pour te passer le bâton de rouge sur le trou du cul ! Je ne veux plus de ta langue ni de tes sales tétons pour me torcher ! et je te chie ! je te chie, maman ! »

Ce dernier mot, ce « maman » me fit tressaillir. Mauricette faillit venir à moi, mais voyant l'ahurissement avec lequel je l'écoutais, elle tourna court et se jeta sur un lit, la tête dans l'oreiller.

EDWARD ALBEE

Qui a peur de Virginia Woolf ?

MARTHA *se lève et marche rapidement vers George. Menaçante.*
Ça t'amuse, sale con ?

GEORGE *arrête le disque. Calme.*
Qu'est-ce que tu dis, chérie ?

« GRANDE MORUE »

De l'esprit de famille

JEAN GENET

Le Bagne

MARCHETTI *(poussant Forlano devant lui)*
Va plus vite... *(le retenant)...* Va moins vite *(trois fois)...* Le bagne se vit sur un rythme à lui... Il y a encore des nerfs d'acier dans tes pinceaux...
(Ils arrivent à la hauteur du passage entre les deux murs. Frisson y pose la lumière de sa lampe. Tous sont immobiles. Dans ce passage apparaît Funck, en chemise.)

FUNCK *(regardant Forlano)*
Salut ! *(il pousse le cri de la chouette et il rit)* Tu as une mère, toi, pas de doute, je la vois sur ta gueule. Rassure-la, ta mère qui est sur toi, ici il y aura tout ce qu'il faut pour la satisfaire *(immenses et nombreux éclats de rire en coulisse)...* à moins qu'elle soit goulue, goulue, goulue, des pères tu en auras des centaines... *(même rire en coulisse)...* mais dis à ta charmante mère que ta boule rasée n'est pas sexy. Une perruque c'est mon hobby. Regarde. *(il vient de prendre derrière lui une longue perruque qu'il*

pose sur sa tête, et il prend un air coquet) Fée, je suis fée !
C'est fait avec des vieux bouts de ficelle que j'effiloche,
et mon entrejambe c'est pareil, mire… *(il relève sa chemise et l'on voit une énorme touffe de ficelle effilochée)* Si
tu la veux frisée *(même rire que plus haut)*… tu me le
diras, ou si tu la veux raide et lustrée… Oh que ta mère
sera belle, avec ma belle ficelle !… *(il rit et disparaît.
Frisson a éteint sa lampe.)*

MARCHETTI *(à Forlano)*
*(Dans la demi-obscurité, le groupe — sentinelles, Mar-
chetti, Forlano — marche sur place. Le visage de Forlano
reste indifférent. À nouveau Frisson allume sa torche.
Apparaît un autre bagnard.)*
Avance… encore…

PÉRITCH *(méchamment et très vite)*
Que tu sois en une seule personne la Vierge et son
chiard, on s'en torche *(méprisant)*. À bien te regarder tu
n'es pas grand-chose, ni ça ni autre chose. C'est du
mou… *(à Marchetti)* C'est du mou, ton jésus, marquis,
fous ça dans la tinette avec les étrons chauds.
*(Il disparaît comme le précédent, même jeu de scène du
groupe, marchent sur place, éteignent et allument la torche.)*

MARCHETTI *(à Forlano)*
Avance… avance encore…
(Apparaît un autre bagnard.)

GLOSTER
*(une soixantaine d'années. Tout ridé. Enveloppé dans
un drap comme dans un suaire. On lui suppose un corps*

énorme. Il tend la main comme pour toucher Forlano. Il parle d'une voix très douce et très mélodieuse)

C'est vrai que tu es mou, doux et tiède comme une merde chiée dans la minute. C'est vrai. *(on entend en coulisse des rires nombreux et très doux)* Et c'est comme ça que tu nous plais. Fumante et belle comme la merde, lâchée par un surveillant-chef. Qui est venu te déposer devant ma porte ? *(il hume)* Houh ! tu sens bon ! *(même rire très doux en coulisse)* J'aurais voulu voir se déplisser le cul qui t'a pondue… *(on entend un soupir très doux poussé par cent poitrines)* Et puis après se replisser… *(même soupir, Gloster disparaît. Frisson éteint sa lampe.)*

MARCHETTI *(à Forlano)*
Avance… avance encore…
(Même mouvement de marche sur place. Le visage de Forlano est toujours indifférent. Dans un grand bruit fait de nombreux cris, bondissant, apparaît un autre bagnard. Environ vingt-cinq ans, il est nu, mais tient devant son sexe sa chemise comme une serviette, des deux mains.)

DE XAINTRAILLE *(d'une voix vibrante)*
Moi, De Xaintraille, de noble famille je te dis : ouvre ta gueule, que je la remplisse de molards millénaires ! Ouvre. Ou comme tu veux, je me charge de t'en enduire de la tête aux pieds. Et tout luisant, gluant, poisseux, mouillé, radieux…

MARCHETTI *(à Forlano)*
Avance… avance encore… *(De Xaintraille disparaît. Le groupe marche sur place. Apparaît un autre bagnard.)*

LEROY *(en chemise, et très calme)*

Alors, on est venu voir de près comme c'est fait, un forçat ? On fait sa petite descente aux Enfers ? On vient humer le roussi. Personne ici n'a fait mieux que toi, mais personne moins bien. On dit que tu nous arrives porté par un mât d'artimon, jeune envergué.

ALBERT COHEN

Mangeclous

Mattathias eut un sourire qui ne plut pas à l'oncle Saltiel.

— Est-ce que par hasard, ô Mâche-Résine, l'expression « vice-roi » choquerait tes oreilles tournantes ?

— Je constate une chose, répliqua le manchot. Au temps où ton neveu était secrétaire d'embrassade, tu nous insultais si nous faisions mine de penser qu'il y avait quelque chose de mieux que secrétaire d'embrassade. Mais maintenant qu'il est au-dessous d'un secrétaire...

Coup de sang à la poitrine de Saltiel.

— Mattathias, écoute-moi car c'est la dernière fois que je t'adresse la parole et si je te parle cette fois encore c'est davantage pour l'honneur de l'humanité et de la vérité que par considération pour toi et ta carcasse incomplète qui sera bientôt mangée des vers ! Sache d'abord que si je ne t'arrache pas ta barbe de l'enfer ce n'est pas par bonté mais par crainte que tes cris ne nuisent à mon neveu et ne fassent scandale. Au-dessous d'un secrétaire, as-tu osé dire ! Et tu oublies, homme de foi mauvaise, tu oublies d'ajouter général qui est le mot important ! Et général de quoi ? De l'ensemble des nations ! cria Saltiel avec un geste large qui enveloppait la planète. Imbécile, homme d'ignorance noire, noire comme l'interstice de tes orteils que j'ai vus pour ma douleur et ma honte l'autre soir, ô puant véritable, fils des trente-six pères et neveu des entremetteuses, ô postérité des faux-monnayeurs, ô issu des ordures, ô Mattathias de vomissement, ô Arabe, apprends de moi puisque, sans instruction, tu n'as jamais été bon qu'à chercher des sous dans les ruisseaux ou à pressurer des bambins de pêche, apprends de moi, hyène du pourcentage, apprends la signification du mot secrétaire. Secrétaire veut dire celui qui connaît les secrets. Et les secrets de qui ? De toutes les nations !

— Oui, mais sous-secrétaire, insista Mattathias en tapant avec son index sur son genou.

— Et Moïse, est-ce qu'il n'était pas sous-Dieu ? Est-ce qu'il n'était pas plus grand homme que Dieu ? osa avancer l'oncle Saltiel pour la défense de sa cause. Tu ne sais pas ce qu'est un sous-secrétaire général de la Société des Nations, toi ?

— Voilà, marmonna Mattathias, il va nous refaire le coup du secrétaire d'embrassade.

ÉMILE ZOLA

L'Assommoir

— Elle rit de vous voir pleurer, cette sans-cœur, là-bas. Je mettrais ma main au feu que son savonnage est une frime... Elle a emballé les deux autres et elle est venue ici pour leur raconter la tête que vous feriez.

Gervaise ôta ses mains, regarda. Quand elle aperçut devant elle Virginie, au milieu de trois ou quatre femmes, parlant bas, la dévisageant, elle fut prise d'une colère folle. Les bras en avant, cherchant à terre, tournant sur elle-même, dans un tremblement de tous ses membres, elle marcha quelques pas, rencontra un seau plein, le saisit à deux mains, le vida à toute volée.

— Chameau, va ! cria la grande Virginie.

Elle avait fait un saut en arrière, ses bottines seules étaient mouillées. Cependant, le lavoir, que les larmes de la jeune femme révolutionnaient depuis un instant, se bousculait pour voir la bataille. Des laveuses, qui achevaient leur pain, montaient sur des baquets.

D'autres accoururent, les mains pleines de savon. Un cercle se forma.

— Ah ! le chameau ! répétait la grande Virginie. Qu'est-ce qui lui prend, à cette enragée-là !

Gervaise en arrêt, le menton tendu, la face convulsée, ne répondait pas, n'ayant point encore le coup de gosier de Paris.

L'autre continua :

— Va donc ! C'est las de rouler la province, ça n'avait pas douze ans que ça servait de paillasse à soldats, ça a laissé une jambe dans son pays... Elle est tombée de pourriture, sa jambe...

Un rire courut. Virginie, voyant son succès, s'approcha de deux pas, redressant sa haute taille, criant plus fort :

— Hein ! avance un peu, pour voir, que je te fasse ton affaire ! Tu sais, il ne faut pas venir nous embêter, ici... Est-ce que je la connais, moi, cette peau ! Si elle m'avait attrapée, je lui aurais joliment retroussé ses jupons : vous auriez vu ça. Qu'elle dise seulement ce que je lui ai fait... Dis, rouchie, qu'est-ce qu'on t'a fait ?

— Ne causez pas tant, bégaya Gervaise. Vous savez bien... On a vu mon mari, hier soir... Et taisez-vous, parce que je vous étranglerais, bien sûr.

— Son mari ! Ah ! elle est bonne, celle-là !... Le mari à madame ! comme si on avait des maris, avec cette dégaine !... Ce n'est pas ma faute, s'il t'a lâchée. Je ne te l'ai pas volé, peut-être, on peut me fouiller... Veux-tu que je te dise, tu l'empoisonnais, cet homme ! Il était trop gentil pour toi... Avait-il son collier, au moins ? Qui est-ce qui a trouvé le mari à madame ?... Il y aura récompense...

Les rires recommencèrent. Gervaise, à voix presque basse, se contentait toujours de murmurer :

— Vous savez bien, vous savez bien... C'est votre sœur, je l'étranglerai, votre sœur...

— Oui, va te frotter à ma sœur, reprit Virginie en ricanant. Ah ! c'est ma sœur ! C'est bien possible, ma sœur a un autre chic que toi... Mais est-ce que ça me regarde ! est-ce qu'on ne peut plus laver son linge tranquillement ! Flanque-moi la paix, entends-tu, parce qu'en voilà assez !

Et ce fut elle qui revint, après avoir donné cinq ou six coups de battoir, grisée par les injures, emportée. Elle se tut et recommença ainsi trois fois :

— Eh bien ! oui, c'est ma sœur. Là, es-tu contente ?... Ils s'adorent tous les deux. Il faut les voir se bécoter !... Et il t'a lâchée avec tes bâtards ! De jolis mômes qui ont des croûtes plein la figure ! Il y en a un d'un gendarme, n'est-ce pas ? et tu en as fait crever trois autres, parce que tu ne voulais pas de surcroît de bagage pour venir. C'est ton Lantier qui nous a raconté ça. Ah ! il en dit de belles, il en avait assez de ta carcasse !

— Salope ! salope ! salope ! hurla Gervaise, hors d'elle, reprise par un tremblement furieux.

Elle tourna, chercha une fois encore par terre ; et, ne trouvant que le petit baquet, elle le prit par les pieds, lança l'eau du bleu à la figure de Virginie.

— Rosse ! elle m'a perdu ma robe ! cria celle-ci, qui avait toute une épaule mouillée et sa main gauche teinte en bleu. Attends, gadoue !

À son tour, elle saisit un seau, le vida sur la jeune femme. Alors, une bataille formidable s'engagea. Elles couraient toutes deux le long des baquets, s'emparant des seaux pleins, revenant se les jeter à la tête. Et chaque déluge était accompagné d'un éclat de voix. Gervaise elle-même répondait, à présent.

— Tiens ! saleté !… Tu l'as reçu, celui-là. Ça te calmera le derrière.

— Ah ! la carne ! Voilà pour ta crasse. Débarbouille-toi une fois dans ta vie.

— Oui, oui, je vas te dessaler, grande morue !

— Encore un !… Rince-toi les dents, fais ta toilette pour ton quart de ce soir, au coin de la rue Belhomme.

Elles finirent par emplir les seaux aux robinets. Et, en attendant qu'ils fussent pleins, elles continuaient leurs ordures. Les premiers seaux, mal lancés, les touchaient à peine. Mais elles se faisaient la main. Ce fut Virginie qui, la première, en reçut un en pleine figure ; l'eau, entrant par son cou, coula dans son dos et dans sa gorge, pissa par-dessous sa robe. Elle était encore tout étourdie, quand un second la prit de biais, lui donna une forte claque contre l'oreille gauche, en trempant son chignon, qui se déroula comme une ficelle ; Gervaise fut d'abord atteinte aux jambes ; un seau lui emplit ses souliers, rejaillit jusqu'à ses cuisses ; deux autres l'inondèrent aux hanches. Bientôt, d'ailleurs, il ne fut plus possible de juger les coups. Elles étaient l'une et l'autre ruisselantes de la tête aux pieds, les corsages plaqués aux épaules, les jupes collant sur les reins, maigries, roidies, grelottantes, s'égouttant de tous les côtés ainsi que des parapluies pendant une averse.

— Elles sont rien drôles ! dit la voix enrouée d'une laveuse.

« POISSON POURRI
DE SALONIQUE »

Du conflit social et politique

ANTONIN ARTAUD

Lettre à Monsieur le Législateur de la loi sur les stupéfiants

Monsieur le Législateur,

Monsieur le Législateur de la loi de 1916, agrémentée du décret de juillet 1917 sur les stupéfiants, tu es un con.

Ta loi ne sert qu'à embêter la pharmacie mondiale sans profit pour l'étiage toxicomanique de la nation parce que

1° Le nombre des toxicomanes qui s'approvisionnent chez le pharmacien est infime ;

2° Les vrais toxicomanes ne s'approvisionnent pas chez le pharmacien ;

3° Les toxicomanes qui s'approvisionnent chez le pharmacien sont *tous* des malades ;

4° Le nombre des toxicomanes malades est infime par rapport à celui des toxicomanes voluptueux ;

5° Les restrictions pharmaceutiques de la drogue ne gêneront jamais les toxicomanes voluptueux et organisés ;

6° Il y aura toujours des fraudeurs ;

7° Il y aura toujours des toxicomanes par vice de forme, par passion ;

8° Les toxicomanes malades ont sur la société un droit imprescriptible, qui est celui qu'on leur foute la paix.

C'est avant tout une question de conscience.

La loi sur les stupéfiants met entre les mains de l'inspecteur-usurpateur de la santé publique le droit de disposer de la douleur des hommes ; c'est une prétention singulière de la médecine moderne que de vouloir dicter ses devoirs à la conscience de chacun. Tous les bêlements de la charte officielle sont sans pouvoir d'action contre ce fait de conscience : à savoir, que, plus encore que de la mort, je suis le maître de ma douleur. Tout homme est juge, et juge exclusif, de la quantité de douleur physique, ou encore de vacuité mentale qu'il peut honnêtement supporter.

Lucidité ou non-lucidité, il y a une lucidité que nulle maladie ne m'enlèvera jamais, c'est celle qui me dicte le sentiment de ma vie physique [...]. Et si j'ai perdu ma lucidité, la médecine n'a qu'une chose à faire, c'est de me donner les substances qui me permettent de recouvrer l'usage de cette lucidité.

Messieurs les dictateurs de l'école pharmaceutique de France, vous êtes des cuistres rognés : il y a une chose que vous devriez mieux mesurer ; c'est que l'opium est cette imprescriptible et impérieuse substance qui permet de rentrer dans la vie de leur âme à ceux qui ont eu le malheur de l'avoir perdue.

Il y a un mal contre lequel l'opium est souverain et ce mal s'appelle l'Angoisse, dans sa forme mentale, médicale, physiologique, logique ou pharmaceutique, comme vous voudrez.

L'Angoisse qui fait les fous.

L'Angoisse qui fait les suicidés.

L'Angoisse qui fait les damnés.

L'Angoisse que la médecine ne connaît pas.

L'Angoisse que votre docteur n'entend pas.

L'Angoisse qui lèse la vie.

L'Angoisse qui pince la corde ombilicale de la vie.

Par votre loi inique vous mettez entre les mains de gens en qui je n'ai aucune espèce de confiance, cons en médecine, pharmaciens en fumier, juges en malfaçon, docteurs, sages-femmes, inspecteurs-doctoraux, le droit le disposer de mon angoisse, d'une angoisse en moi aussi fine que les aiguilles de toutes les boussoles de l'enfer.

Tremblements du corps ou de l'âme, il n'existe pas de sismographe humain qui permette à qui me regarde d'arriver à une évaluation de ma douleur plus précise, que celle, foudroyante, de mon esprit !

Toute la science hasardeuse des hommes n'est pas supérieure à la connaissance immédiate que je puis avoir de mon être. Je suis seul juge de ce qui est en moi.

Rentrez dans vos greniers, médicales punaises, et toi aussi, Monsieur le Législateur moutonnier, ce n'est pas par amour des hommes que tu délires, c'est par tradition d'imbécillité. Ton ignorance de ce que c'est qu'un homme n'a d'égale que ta sottise à le limiter. Je te souhaite que ta loi retombe sur ton père, ta mère, ta femme, tes enfants, et toute ta postérité. Et maintenant avale ta loi.

FRANÇOIS RABELAIS

Gargantua

Comment fut meu, entre les fouaciers de Lerné et ceux du pays de Gargantua le grand débat, dont furent faictes grosses guerres.

En cestuy temps, qui fut la saison de vendanges, au commencement d'automne, les bergiers de la contrée estoient à guarder les vignes, et empescher que les estourneaux ne mangeassent les raisins. On quel temps, les fouaciers de Lerné passoient le grand carroy, menans dix ou douze charges de fouaces à la ville. Lesdicts bergiers les requirent courtoisement leurs en bailler pour leur argent, au pris du marché. Car notez que c'est viande celeste manger à desjeuner raisins avec fouace fraiche, mesmement des pineaux, des fiers, des muscadeaux, de la bicane, et des foyrars pour ceulx qui sont constipés du ventre. Car ilz les font aller long comme un vouge ; et souvent, cuidans peter, ils se conchient, dont sont nommés les cuideurs de vendanges.

À leur requeste ne furent aulcunement enclinés les fouaciers, mais (que pis est) les oultragerent grandement, les appelans trop diteux, brechedens, plaisans rousseaux, galliers, chienlicts, averlans, limessourdes, faictnéans, friandeaux, bustarins, talvassiers, riennevaux, rustres, challans, hapelopins, trainneguainnes, gentilz flocquets, copieux, landores, malotrus, dendins, baugears, tezés, gaubregeux, goguelus, claquedens, boyers d'etrons, bergiers de merde, et aultres telz epithetes diffamatoires, adjoustans que poinct à eux n'apartenoit manger de ces belles fouaces ; mais qu'ilz se debvoient contenter de gros pain ballé et de tourte.

Auquel oultraige un d'entre eux, nommé Frogier, bien honneste homme de sa personne et notable bacchelier, respondit doulcement : « Depuis quand avez vous prins cornes, qu'estes tant rogues devenus ? Dea, vous nous en souliez volentiers bailler, et maintenant y refusez ? Ce n'est faict de bons voisins, et ainsi ne vous faisons, nous, quand venez icy achapter nostre beau froment, duquel vous faictes vos gasteaux et fouaces : encores par le marché vous eussions nous donné de nos raisins ; mais, par la merdé ! vous en pourrez repentir, et aurez quelque jour affaire de nous : lors nous ferons envers vous à la pareille, et vous en soubvienne ! »

Adonc Marquet, grand bastonnier de la confrairie des fouaciers, luy dist : « Vrayement, tu es bien acresté à ce matin, tu mangeas hersoir trop de mil. Vien ça, vien ça, je te donneray de ma fouace ! » Lors Forgier en toute simplesse approcha, tirant un unzein de son baudrier, pensant que Marquet luy deust deposcher de ses fouaces ; mais il luy bailla de son fouet à travers les jambes, si rudement que les noudz y apparoissoient ; puis voulut gaigner à la fuite, mais Forgier s'escria au meurtre et à la force, tant qu'il peut ; ensemble luy jetta un gros tribard qu'il portoit sous son escelle, et l'attainct par la joincture coronale de la teste, sus l'artere crotaphique, du costé dextre : en telle sorte que Marquet tomba de sa jument, mieulx semblant homme mort que vif.

Ce pendant les mestaiers, qui là auprès challoient les noix, accoururent avec leurs grandes gaules, et frapperent sus ces fouaciers comme sus seigle verd. Les aultres bergiers et bergieres, ouyans le cry de Forgier, y vindrent avec leurs fondes et brassiers, et les suivirent à grands coups de pierres, tant menus qu'il sembloit que ce fust gresle. Finablement, les aconceurent, et osterent de leurs fouaces environ quatre ou cinq douzaines ; toutesfois ilz les payèrent au pris accoustumé, et leurs donnèrent un cent de quecas et trois panerées de francs aubiers ; puis les fouaciers aiderent à monter à Marquet, qui estoit villainement blessé, et retournerent à Lerne sans poursuivre le chemin de Pareillé : menassans fort et ferme les bouviers, bergiers et mestaiers de Seuillé et de Sinays.

Ce faict, et bergiers et bergieres firent chere lye avec ces fouaces et beaux raisins ; et se rigollerent ensemble au son de la belle bouzine, se mocquans de ces beaux fouaciers glorieux, qui avoient trouvé male encontre par faulte de s'estre seignés de la bonne main au matin. Et, avec gros raisins chenins, estuverent les jambes de Forgier mignonnement, si bien qu'il fut tantost guery.

JEAN GENET

Les Bonnes

SOLANGE, *se retournant et voyant Claire dans la robe de Madame.*
Vous êtes belle !

CLAIRE
Passez sur les formalités du début. Il y a longtemps que vous avez rendu inutiles les mensonges, les hésitations qui conduisent à la métamorphose ! Presse-toi ! Presse-toi. Je n'en peux plus des hontes et des humiliations. Le monde peut nous écouter, sourire, hausser les épaules, nous traiter de folles et d'envieuses, je frémis, je frissonne de plaisir, Claire, je vais hennir de joie !

SOLANGE
Vous êtes belle !

CLAIRE
Commence les insultes.

SOLANGE
Vous êtes belle.

CLAIRE
Passons. Passons le prélude. Aux insultes.

SOLANGE
Vous m'éblouissez. Je ne pourrai jamais.

CLAIRE
J'ai dit les insultes. Vous n'espérez pas m'avoir fait revêtir cette robe pour m'entendre chanter ma beauté. Couvrez-moi de haine ! D'insultes ! De crachats !

SOLANGE
Aidez-moi.

CLAIRE
Je hais les domestiques. J'en hais l'espèce odieuse et vile. Les domestiques n'appartiennent pas à l'humanité. Ils coulent. Ils sont une exhalaison qui traîne dans nos chambres, dans nos corridors, qui nous pénètre, nous entre par la bouche, qui nous corrompt. Moi, je vous vomis. *(Mouvement de Solange pour aller a la fenêtre.)* Reste ici.

SOLANGE
Je monte, je monte...

CLAIRE, *parlant toujours des domestiques.*

Je sais qu'il en faut comme il faut des fossoyeurs, des vidangeurs, des policiers. N'empêche que tout ce beau monde est fétide.

SOLANGE

Continuez. Continuez.

CLAIRE

Vos gueules d'épouvante et de remords, vos coudes plissés, vos corsages démodés, vos corps pour porter nos défroques. Vous êtes nos miroirs déformants, notre soupape, notre honte, notre lie.

SOLANGE

Continuez. Continuez.

CLAIRE

Je suis au bord, presse-toi, je t'en prie. Vous êtes... vous êtes... Mon Dieu, je suis vide, je ne trouve plus. Je suis à bout d'insultes. Claire, vous m'épuisez !

WERNER SCHWAB

Extermination du peuple
ou Mon foie n'a pas de sens

M. KOVACIC

Qu'est-ce que c'est que cette illusion que vous avez de croire que ça ne fait rien peut-être de mener une vie aussi bruyante ? Est-ce que vous avez perdu la santé la plus commune pour ne pas vous rendre compte que le monde est rempli d'autres gens, qu'au-dessus, en dessous, à gauche, à droite, des tas de vies honnêtes se mènent en droiture ? Ma femme s'est cramé un doigt au repassage et ma fille est devenue si insupportable sous ce boucan que j'ai dû lui en allonger une. Même le hamster doré s'est réveillé.

Mme VER

Je suis navrée platement, jusqu'aux excuses, monsieur Kovacic. C'est peut-être la mauvaise pression atmosphérique qui administre une si grande agitation dedans le cœur des hommes. J'ai bien évidemment dit à Herrmann qu'il est trop débordant avec sa jeunesse.

M. KOVACIC

Je vous chie ma ration hebdomadaire sur votre pression atmosphérique et sur votre juvénile de Herrmann, un tas si gros qu'il ne débordera plus d'un poil, ce Herrmann. Ce n'est pas une éducation favorable dedans votre vie intérieure.

HERRMANN, *faisant un pas vers Kovacic.*

Espèce de... espèce de... espèce de Kovacic. Vous vous croyez tout permis, dans votre extranéité, espèce d'immigré. Côté bruit, faites gaffe vous-même, que votre femme ne cogne pas toujours de la tête contre le mur, toute la nuit, quand vous avez ces rapports repoussants avec cette truie... boum, boum, la moitié de la nuit...

Mme VER, *fort.*

Herrmann, ferme ta pénible bouche.

M. KOVACIC

Je... depuis deux générations je suis un authentique Autrichien de langue allemande. De plus, je suis en bonne santé, vierge de casier, et employé de surcroît.

Cet éclopé artistique, je m'en vais lui polir la vie maintenant. Espèce de trié à part...

[...]

Mme PESTEFEU

C'est effroyablement sonore.

Côté sonore, l'immeuble tout entier est lamentable. Le monde entier, suppôt du bruit, est insupportablement sonore. Le bruit est la cause mortelle véritable de toute pensée. On perçoit vos bruits et on cesse de penser. On commence à souffrir.

Mme VER
Madame Pestefeu...

M. KOVACIC
Oh, c'est madame le professeur...

Mme KOVACIC
C'est madame le professeur Pestefeu.

Mme PESTEFEU
Quelles insolences vous permettez-vous encore ? Combien de fois ma personne a-t-elle corrigé votre déférence, puisque plus encore que les manifestations sonores de votre vie, j'abomine être appelée par le titre professoral de feu mon mari ? Combien de fois ? Répondez, madame Kovac.

Mme KOVACIC
Ayez une indulgence, madame Pestefeu, mieux, une indulgence multiple même, madame Pestefeu. Ça doit faire dans les sept, huit fois déjà...

Mme PESTEFEU
Vous osez sur-multiplier mes aimables admonestations ? Trois fois, madame Kovac, si vous voulez bien vous réchauffer votre mémoire.

M. KOVACIC
Kovacic.

Mme PESTEFEU
Kovac... Kovacic... Risible. Votre nom est aussi effroyable que votre allure.

M. KOVACIC
Je suis autrichien depuis plusieurs générations...

Mme PESTEFEU
Taisez-vous, Kovac. Oubliez qu'au moins sous ma présence, vous n'êtes rien qu'un animal fort sonore qui s'est hélas reproduit.

M. KOVACIC
Vraiment, c'est... Je ne suis vraiment pas obligé de...

Mme PESTEFEU, *la canne en l'air.*
Ravalez votre déjection, Kovac. En tant que missing link que vous devez être, vous avez juste à grognonner quand une personne véritable, capable de juger de la réalité, vous rabat vers cette réalité. C'est le principe du chien de cour.

M. KOVACIC
Je ne peux tout simplement pas...
Mme Kovacic lui plaque une main sur la bouche et de l'autre, l'entraîne vers le fond.

Mme PESTEFEU

À vous maintenant, madame Ver. Comment vous expliquez-vous, et surtout comment me l'expliquez-vous à ma personne que, ce jour qu'il nous faut, soit dit en passant, animer avec la plus grande des répugnances, je n'aie pu mettre la main à l'heure convenue ni sur la bouteille de Cognac par moi souhaitée, ni sur les cigarettes par moi commandées ? Sans même parler de mon alouette sans tête avec des nouilles et de la salade de mâche. Je m'épargne de mentionner le potage aux croûtons, de toute façon vous en auriez encore renversé la moitié.

Mme VER, *avec grande humilité.*

Pardonnez tout, simplement, madame Pestefeu. Soyez pour une fois indulgente simplement, un jour comme ce jour d'aujourd'hui que Jésus-Christ, notre Seigneur à tous, ne peut tout simplement pas avoir marqué dans son calendrier. La vie n'a pas eu d'air aujourd'hui, alors elle a failli étouffer.

Mme PESTEFEU

C'est un scandale. En vérité c'est un scandale qui ne peut pas en être un, puisque un sous-être tel que vous, madame Ver, ne peut évidemment pas donner lieu à scandale. L'unique scandale chez vous est votre venue au monde, madame Ver. Ver. Ver... une de ces dégénérescences nominatives, ça, un hyponyme par hyperbole. Qu'est-ce que vous avez tous à les écarquiller comme ça... Écartez-vous le plus obligeamment du monde les uns des autres, allez. Le peuple, il faut l'écarteler, sans cesse. *Montrant de sa canne le couple Kovacic.* Ouste, grimpez, intégrez votre étable. Et vous, madame Ver, rampez faire le plus obligeamment que vous pourrez vos courses qui sont hélas forcément les miennes.

On s'ébranle.

M. KOVACIC

Je suis un honnête employé, je ne suis pas obligé de… *Mme Kovacic lui ferme à nouveau la bouche et l'entraîne hors de l'appartement. Mme Ver est déjà dehors.*

Mme KOVACIC, *de dehors.*
Bonne journée, madame Pestefeu.

Mme PESTEFEU

Ha, une bonne journée… pervers, ce manque de tact. Comme si elle me souhaitait une bonne vie, cette charogne.

PIERRE DAC

Goebbels écrit à Pierre Dac

Avec un rien d'étonnement, le vénéré rédacteur en chef de *L'Os à Moelle* a reçu par la voie diplomatique une lettre qui lui parut parfaitement illisible. Elle n'était en effet rédigée en aucune langue digne de ce nom : écrite par Goebbels lui-même, elle se composait avant tout d'un stock infiniment varié d'aboiements, glapissements, éructations qui forment l'essentiel du style de ce ministre à la courte patte.

Mes connaissances en ornithologie m'ont permis de traduire cette lettre qui fourmille de noms d'oiseaux. Voici donc ce que Goebbels écrit à Pierre Dac :

« Monsieur et tête de cochon,

Si j'ai recours à des formules de politesse, c'est pour vous faire savoir mes volontés suprêmes, après que vous aurez répondu aux explications que je réclame de votre gueule de raie, comme nous disons, nous autres diplomates.

Dans le dernier numéro de votre chiffon de papier, vous avez consacré un article de première page à quel sujet ? Au fumier. Oui, au fumier, sans autre précision. Eh bien, je vous le dis, triste résidu d'une race abâtardie, le Reich ne peut tolérer une pareille insolence : quand on fait de l'ironie à propos du fumier, ce n'est pas seulement notre Führer (heil !) qui se sent visé ; le maréchal Goering (heil !) en prend aussi sa petite part, le général von Brauchitsch (heil !) se trémousse d'indignation et moi-même (heil ! heil ! et heil !), j'en ai des sueurs tièdes au niveau du plexus solaire. Mais ce n'est pas tout, entendez-vous, lamentable fond de poubelle : s'en prendre au fumier, c'est attaquer l'Allemagne tout entière, collective, totale, une et indivisible.

"Fumier über alles", voilà notre devise. Et si ça ne vous plaît pas, fœtus endimanché, vous n'avez qu'à le dire ; nous nous chargeons de vous protéger. Et quand nous protégeons quelqu'un, vous savez où ça le mène.

En conséquence, moi, Goebbels (heil ! heil ! trois fois heil ! six fois heil ! et puis de l'heil comme s'il en pleuvait !) je vous dis ceci : "Hürscht ! Kraftanschin Rendorf Schweinigerfresse ! Trübzigweinighinkelgronensprutz ! À bon entendeur…" »

Très touché par cette littérature, Pierre Dac m'a dit : « Veuillez répondre à M. Goebbels que je le prie de me foutre la paix. »

Mais prenons garde : une paix à la Goebbels, ce serait sûrement une paix boiteuse.

PAUL VERLAINE

À un magistrat de boue
Souvenir de l'année 1885

Fous le camp, quitte vite et plus tôt que cela
Nos honnêtes Ardennes
Pour ton Auvergne honnête d'où déambula
Ta flemme aux lentes veines.

Paresseux ! quitte ce Parquet pour en cirer
De sorte littérale
D'autres au pied de la lettre au lieu de t'ancrer,
Cariatide sale,

Dans ce prétoire où tu réclames l'innocent
Pour le bagne et la geôle,
Où tu pérores avec ton affreux accent
Pire encore que drôle,

Mauvais robin qui n'as, du moins on me l'a dit,
Pour toi que ta fortune,

Qui sans elle n'eusses, triste gagne-petit,
Gagné la moindre thune,

Tu m'as insulté, toi ! du haut de ton tréteau,
Grossier, trivial, rustre !
Tu m'as insulté, moi ! l'homme épris du seul beau,
Moi, qu'on veut croire illustre.

Tu parles de mes mœurs, espèce de bavard,
D'ailleurs sans éloquence,
Mais l'injure quand d'un tel faquin elle part
S'appelle… conséquence.

La conséquence est que, d'abord tu n'es qu'un sot
Qui pouvait vivre bête,
Sans plus, – tandis que, grâce à ce honteux assaut
Vers un pauvre poète,

Un poète naïf qui n'avait d'autre tort
Que d'être ce poète,
As mérité de lui, paresseux qui t'endors,
Poncif, laid, dans ta *boète*,

(Comme tu prononces, double et triple auverpin)
Que les siècles à suivre
Compissent, et pis ! ton nom, Grivel (prends un bain)
Grâce à ce petit livre.

PAUL VERLAINE

Opportunistes

« Assez des Gambettards ! Ôtez-moi cet objet,
Dit le Père Duchêne, un jour qu'il enrageait.
Tout plutôt qu'eux ! Ce sont les bougres de naissance.
Bourgeois vessards ! Ça dut tenir des lieux d'aisance
Dans ces mondes antérieurs dont je me fous !
Jean-foutres, qui, tandis qu'on La confessait sous
Les balles, cherchaient des alibis dans la foire !
Ah ! tous ! Badingue Quatre, Orléans et sa poire
(Pour la soif), la béquille à Chambord, Attila !
Mais, mais, mais ! pas de ces La Revellières-là. »

BENJAMIN PÉRET

La Brebis galante

Et les plumes surgiront du cou d'un homme guillotiné à midi sur la tombe du soldat inconnu. Le guillotiné se dressera sur la guillotine et, malgré l'absence récente de sa tête, maudira ses bourreaux en ces termes :

— Je vous vomis, soufre à chiens, mais moi qui ne suis pas de cette race, vous ne m'empêcherez pas de pisser. Et je pisserai sur vos chaussures, sur vos fesses, sur vos aiguilles de montre, sur vos souvenirs arabes, sur vos dentelles moisies, sur vos sandwiches anémiques et alors, couverts d'urine de la tête aux talons, vous reconnaîtrez la bonté de mon âme, vous m'élèverez des statues de froment ; mais ma malédiction vous poursuivra à travers vos casernes et vos chansons, à travers vos marées et vos courbes infinies. Mieux, par ma malédiction, vos courbes ne pourront plus être infinies. Je vous obligerai à concevoir la lumière comme un liquide corrosif. Et de fait, toute lumière atteignant vos miroirs en fera des livres de piété si insipides que votre regard s'en détournera pour se poser sur un lac de sciure mouvante qui sera la mer que je vous promets. Votre désespoir prendra la forme d'un siège d'évêque et sera violet comme son costume idiot. Comme lui, il tiendra à la main un tuyau de caoutchouc d'où s'échapperont des millions de mouches bleues qui dévoreront vos nouveau-nés. Et ce sera bien fait ! A-t-on idée de faire des enfants pour la guerre, des enfants pour la vermine, des enfants pour vous dévorer ?

Ayant dit, le mort, que sa décrépitude aurait pu faire prendre pour Anatole France, se glissa de lui-même sous le couperet de la guillotine qui n'était pas habituée à pareille invitation et s'empressa de manœuvrer à la perfection pour montrer de quoi elle était capable. Et, cette fois, le mort devint un petit dictionnaire de poche à l'usage des étrangers voyageant en France pour connaître la splendeur de nos hôtels qui sont la seule chose ici, valant la peine d'être vue. Ô Siamois qui viens en France, ne va pas au Louvre voir les langoustes pourries qui l'encombrent. Ne va pas à la Chambre : tu pourrais y crever. Ne va pas à l'Opéra : tu risquerais de voir tes jambes s'allonger comme une bobine de fil qu'on dévide. Mais va à l'hôtel si c'est l'hiver et au bois de Boulogne si c'est l'été. Là tu comprendras ce que c'est qu'une cuisse de canard, tu comprendras tout l'amour, toute la joie sublime comme l'ivresse qui se dégage d'une cuisse ronde et ferme et blanche et douce comme la fourrure d'un chat engraissé patiemment et dévotement par une concierge bigote qui balaie ses escaliers avec ses cheveux, blancs à cause de son âge. Et les seins t'apparaîtront comme le brillant d'une bague que tu songes a offrir à quelque femme maquillée de lumière qui s'est frôlée contre toi un soir où tu essayais de comprendre le mystère du nombre deux ; car le nombre un c'est l'évidence, la chute d'un couvreur du haut d'un toit, mais le nombre deux c'est le mystère, la course à l'abîme.

BENJAMIN PÉRET

Morts ou vifs

Alors André Breton monte sur la porte Saint-Denis et harangue la foule que j'ai failli oublier :

DISCOURS D'ANDRÉ BRETON
Souvenir des poils des chiens pelés, puces arthritiques, le rouleau compresseur vous attend. N'ayez pas d'illusions. S'il vous attend, ce n'est pas pour vous confier sa direction mais bien pour vous réduire à cet état de molécule phtisique qui vous convient si bien, punaises de dieu. Lorsque l'araignée revenant de la pêche à la morue, retrouve sa femme devenue borgne et ses enfants culs-de-jatte, il jette son testicule droit dans la cour et les poules se précipitent avidement. Elles pondent des œufs phalliques et les satyres les poursuivent dans tous les coins malgré la colère du coq qui ne sait plus que crier : « La patrie est en danger ! » La patrie ! va te faire foutre, christ de sucre moisi !... Les vieilles peloteuses de perroquet t'ont déjà enfermé dans un placard avec un certificat d'études primaires. Et le certificat

d'études a eu raison de toi. Les médicaments pour l'usage externe se cacheront dans les organes de papier argenté que secoue la fièvre des foins. C'est l'heure ! c'est l'heure ! Accourez, minuscules protozoaires qui savez ce que devient la neige quand elle s'enfonce dans la terre des prairies, vieille taupe ! Et vous aussi, balais si usés qu'il est impossible devant vous de ne pas songer aux trois grâces, tellement vous ressemblez à une tulipe ou à un éternuement. Et vous aussi, tulipes, qui nagez si bien sur les frondaisons agitées par la tempête, bateaux de carnaval. C'est l'heure, je l'ai déjà dit et si vous ne voulez pas me croire, n'attendez pas de moi cette essence résineuse dont on fait les navets et les serrures compliquées qui font la joie des rémouleurs. Non, n'attendez pas cela de moi, car je descendrai bientôt comme une goutte d'eau de la voûte d'une case où l'on torture un individu quelconque accusé d'avoir brisé l'index d'un certain Charlemagne. Le malheureux a beau répondre qu'il n'a rien fait d'autre que d'assommer quelques évêques, on le condamne tout de même. Et son supplice durera jusqu'à ce que les militaires disparaissent comme les cigarettes qu'ils fument. Mais quoi qu'il advienne la paire de claques saura toujours jaillir des joues prédestinées.

GUILLAUME APOLLINAIRE

Réponse des Cosaques Zaporogues
au Sultan de Constantinople

Beaucoup de ces dieux ont péri
C'est sur eux que pleurent les saules
Le grand Pan l'amour Jésus-Christ
Sont bien morts et les chats miaulent
Dans la cour je pleure à Paris

Moi qui sais des lais pour les reines
Les complaintes de mes années
Des hymnes d'esclave aux murènes
La romance du mal aimé
Et des chansons pour les sirènes

L'amour est mort j'en suis tremblant
J'adore de belles idoles
Les souvenirs lui ressemblant
Comme la femme de Mausole
Je reste fidèle et dolent

Je suis fidèle comme un dogue
Au maître le lierre au tronc
Et les Cosaques Zaporogues
Ivrognes pieux et larrons
Aux steppes et au décalogue

Portez comme un joug le Croissant
Qu'interrogent les astrologues
Je suis le Sultan tout-puissant
Ô mes Cosaques Zaporogues
Votre Seigneur éblouissant

Devenez mes sujets fidèles
Leur avait écrit le Sultan
Ils rirent à cette nouvelle
Et répondirent à l'instant
À la lueur d'une chandelle

RÉPONSE DES COSAQUES ZAPOROGUES
AU SULTAN DE CONSTANTINOPLE

Plus criminel que Barrabas
Cornu comme les mauvais anges
Quel Belzébuth es-tu là-bas
Nourri d'immondice et de fange
Nous n'irons pas à tes sabbats

Poisson pourri de Salonique
Long collier des sommeils affreux
D'yeux arrachés à coup de pique

Ta mère fit un pet foireux
Et tu naquis de sa colique

Bourreau de Podolie Amant
Des plaies des ulcères des croûtes
Groin de cochon cul de jument
Tes richesses garde-les toutes
Pour payer tes médicaments

« CHER CONNARD »

De l'épître

ERIK SATIE

À Jean Poueigh

Le 30 mai 1917

... Mais ce que je sais c'est que vous êtes un cul – si j'ose dire, un « cul » sans musique.

Surtout, ne venez plus me tendre votre main de salaud.

Combien l'on a bien fait de vous foutre à la porte de la « *S.I.M.* »...

Erik Satie

✳

À Jean Poueigh
Grand Fourneau Général
Chef des Gourdes des Veaux

Le 3 juin 1917

Tu n'es pas aussi « con » que je croyais… Malgré ton air d'andouille & ta vue basse, tu vois les choses de loin…
Erik Satie

✳

À Monsieur Jean-Foutre Poueigh
Célèbre gourde & compositeur des andouilles

Fontainebleau, 5 juin 1917

Vilain cul,
Je suis ici d'où je t'emmerde à tour de bras.
Erik Satie

CHARLES BUKOWSKI

À Douglas Blazek

14 juillet 1965

[…]

bon dieu, merci pour ton invitation à dormir 1/2 *[sic]*
sur ta descente de lit lorsque la horde humaine se rap-
prochera un peu trop près de moi, mais je ne peux pas
accepter, essentiellement parce que j'adore ta femme et
tes enfants et tes murs, et aussi parce que mon amour
pour toi est trop profond pour que je m'autorise à mourir d'une façon bitte *[sic]* comme une colombe blessée
entre tes douces mains, et merde j'ai dit b5itte *[sic]* et tu
vas penser maintenant que c'est ma bitte entre tes mains
qui va mourir et que je suis en train de te charrier, mon
dieu mon dieu je ne devrais pas tant boire sauf *[sic]* que
je le veux, ce que j'essaie de dire c'est que mon chagrin
s'est déniché un moyen d'en finir avec ce que me dit ma
tête quand ça fait trop mal, j'en ai le secret, tu sais ce
que je veux dire.

écoute, ne m'envoie plus jamais d'argent : je le prendrai
ce n'est pas le manque d'argent qui m'empêche
d'envoyer des lettres merde c'est seulement qu'écrire
pour moi signifie
qu'après avoir lu les lettres je suis ffrayé *[sic]* effrayé que-
personne *[sic]* ne me réponde. ça s'est manifesté sous la
forme
d'un choc qui continue d'aller et venir, sacro-scaint *[sic]*
ma macaroni du moi aux yeux éteints
je pense que personne ne sait
et c'est vraiment absolument comme
d'être enfermé dans un placard plein de
chaussettes et de chemises fripées
et d'entendre la sirène du boulanger ambulant
le midi et de ne pas pouvoir sortir
acheter une barbe à papa ou une femme
en blouse verte pleine de tendresse se penchant sur sa
petite génoise
pendant que son mari meurt à Kansas City
d'une série d'électrochocs et de victoires.

un autre poème gratis pour tes chiottes…
tu fournis le papier et je fournirai le
AH AH AH ahahah
reste,
baby.

à quoi ressemble la foutue fausse intonation de la gravité
de ma tristesse n'est pas un jeu auquel jouer c'est bien
trop PESANT

et je ne te parle même pas de promesse de suicide ou de
quoi que ce soit d'autre qui ressemble à une tarte à la
crème balancée dans la gueule d'une tortue
mais seulement de ce que je dois faire de ce que je veux
ressentir ici et maintenant écoute écoute
toi tacheur de coton aux cheveux longs cafard allié écra-
bouillé avec
ta cravate fatiguée qui part à la dérive
HOSUMMA !

mes enfants me manquent
    (ils continuent de passer « Les Planètes » de Gustave
Hotlz *[sic]* à cau' *[sic]* de ces suceurs de bite de l'espace
et je commence à en avoir plus que marre de cette saloperie de musique et de ce matraquage)

je l'ai virée.

écoute, t'inquiète pas au sujet du papier pour *Asshole
Insane Enough to Live Between Breasts*, le plus important
est que tu aies pu déchiffrer et comprendre le manuscrit,
mais je n'en ferai un roman que si ça me chante je crois,
et je n'en ai justement pas envie et ça risque pas de
changer à mon avis, ce qui signifie donc continuer à
vivre dans la pauvreté – romans signifient dollars – et
j'envisage alors de me la jouer écrivain façon tête brûlée
ne capitulant jamais, faisant provision de cigares, les
allumant les uns après les autres, disant merde à tout le
monde, et même si dans un siècle je suis encore dans les
parages on me traitera d'homo de lâche de sale type de
marchand de lâchetés, et qui sait ? peut-être que je le

suis tout ou partie, je pense d'ailleurs parfois à ceux qui
prennent les décisions, je me demande ce qu'ils sont et
où ils sont et je me
sens pas si bien que ça
ils passent maintenant du Richard Wagner.
ils lui ont coupé les vivres et l'ont balancé dans un coin,
ces espèces d'attardés, un gamin tout juste expulsé d'une
branlette, et même une école anti-Wagner, il avait certaines façons de faire, dans l'exploitation malveillante et
grandiose du son, mais merde, ils ne font pas tous la
même chose ? chaque homme arrive sur scène avec le sentiment de tout savoir et la plupart d'entre eux sont bons,
comme Corrington, mais ils en savent foutrement trop, et
ce qui leur a échappé c'était le fait que Wagner avait
DES MUSCLES
DE L'ÉNERGIE
DU CŒUR
et assez de tripes pour remplir 40 000 cochons,
ou   80 000
êtres ?
humains.

regarde Hon Jonathan Swift
regarde Schopenheaur *[sic]*
regarde Orpahn Armey *[sic]*
Je vais terminer cette lettre pendant que je suis encore
bourré, c'est la seul e *[sic]* manière de le faire autrement
nous choisissons ce que l'on veut bien montrer de nous-
mêmes

J'ESPÈRE QUE LES MARCHES DE TA VÉRANDA
ONT DES ÉCLATS DE VERRE

J'ESPÈRE QUE TES COUILLES TE FONT MAL
LORSQUE LA LUNE EST
HAUTE HAUTE HAUTE

J'ESPÈRE QU'ILS DÉMOLIRONT LES USINES
ET LES DÉJÀ MORTS
J'ESPÈRE QU'ILS LES TUERONT JUSQU'À CE
QUE MES $$$ # YEUX PUISSENT VOIR
LA PITIÉ

en eux
en
moi.
poème pour toilettes.

un truc à propos du Journal de Jean : tu t'es montré gentil
en ne l'attaquant pas trop durement, tu aurais pu dire à la
pute qu'elle aurait dû appeler son chien comme sa chatte.
[…]

JEAN-JACQUES ROUSSEAU

À Voltaire

17 juin 1760

Quant à votre réponse à la même lettre, elle n'a été communiquée à personne, et vous pouvez compter qu'elle ne sera point imprimée sans votre aveu, qu'assurément je n'aurai pas l'indiscrétion de vous demander, sachant bien que ce qu'un homme écrit à un autre il ne l'écrit pas au public : mais si vous en vouliez faire une pour être publiée et me l'adresser, je vous promets de la joindre fidèlement à ma lettre, et de ne pas répliquer un seul mot.

Je ne vous aime point, monsieur ; vous m'avez fait les maux qui pouvaient m'être les plus sensibles, à moi, votre disciple et votre enthousiaste. Vous avez perdu Genève, pour le prix de l'asile que vous y avez reçu : vous avez aliéné de moi mes concitoyens pour le prix des applaudissements que je vous ai prodigués parmi eux ; c'est vous qui me rendez le séjour de mon pays insupportable ; c'est vous qui me ferez mourir en terre étrangère, privé de toutes les consolations des mourants, et jeté pour tout honneur dans une voirie, tandis que tous les honneurs qu'un homme peut attendre vous accompagneront dans mon pays. Je vous hais enfin, puisque vous l'avez voulu ; mais je vous hais en homme plus digne de vous aimer si vous l'aviez voulu. De tous les sentiments dont mon cœur était pénétré pour vous, il n'y reste que l'admiration qu'on ne peut refuser à votre beau génie, et l'amour de vos écrits. Si je ne puis honorer en vous que vos talents, ce n'est pas ma faute : je ne manquerai jamais au respect que je leur dois, ni aux procédés que ce respect exige.

Adieu, monsieur.

VOLTAIRE

Sur Jean-Jacques Rousseau

Quatorzième honnêteté

En voici une d'un goût nouveau. *Jean-Jacques Rousseau,* qui ne passe ni pour le plus judicieux, ni pour le plus conséquent des hommes, ni pour le plus modeste, ni pour le plus reconnaissant, est mené en Angleterre par un protecteur qui épuise son crédit pour lui faire obtenir une pension *secrète* du roi. *Jean-Jacques* trouve la pension *secrète* un affront. Aussitôt il écrit une lettre, dans laquelle il sacrifie l'éloquence et le goût à son ressentiment contre son bienfaiteur. Il pousse trois arguments contre son bienfaiteur, M. *Hume,* et à chaque argument il finit par ces mots : *Premier soufflet, second soufflet, troisième soufflet sur la joue de mon patron.* Ah ! *Jean-Jacques,* trois soufflets pour une pension ! c'est trop.

Tudieu, l'ami, sans nous rien dire
Comme vous baillez des soufflets.

(*Amphitryon*, acte I.)

Un Genevois qui donne trois soufflets à un Écossais ! cela fait trembler pour les fuites. Si le roi d'Angleterre avait donné la pension, sa majesté aurait eu le quatrième soufflet. C'est un terrible homme que ce *Jean-Jacques* ! Il prétend, dans je ne sais quel roman intitulé *Héloïse* ou *Aloisia*, s'être battu contre un seigneur anglais de la chambre haute, dont il reçut ensuite l'aumône. Il a fait, on le sait, des miracles à Venise ; mais il ne fallait pas calomnier les gens de lettres à Paris. Il y a de ces gens de lettres qui n'attaquent jamais personne, mais qui font une guerre bien vive quand ils sont attaqués, et Dieu est toujours pour la bonne cause. Un des offensés s'amusa à le dessiner par les coups de crayons que voici :

Cet ennemi du genre humain,
Singe manqué de l'Arétin,
Qui se croit celui de Socrate ;
Ce charlatan trompeur et vain,
Changeant vingt fois son mithridate ;
Ce basset hargneux et mutin,
Bâtard du chien de Diogène,
Mordant également la main
Ou qui le fesse, ou qui l'enchaîne,
Ou qui lui présente du pain.

Les honnêtetés de *Jean-Jacques* lui ont attiré, comme on voit, de très-grandes honnêtetés. Il y a de la justice dans le monde ; et pour peu que vous soyez poli, vous trouvez à coup sûr des gens fort polis qui ne sont pas en reste avec vous. Cela compose une société charmante.

LÉON BLOY

Lettre à Henry de Groux

15 juin 1899

Mon cher Henry, je ne veux pas me venger bassement de vos silences en ne vous répondant pas le plus tôt possible. J'ai, d'ailleurs, certaines choses à vous dire.

Avant tout, j'ai reçu vos vingt mille francs qui n'ont pas été inutiles, je vous prie de le croire. Oh ! non, pas inutiles... Cette preuve d'amitié est d'autant plus méritoire que vous avez à peine, que dis-je ? que vous n'avez pas du tout le droit d'ignorer mes sentiments. Vous savez d'une manière certaine, absolue, que je communie, que je mange, tous les jours, la Chair vivante du Fils de Dieu incarné, en vue d'obtenir de Notre-Seigneur-Jésus-Christ, de sa Mère, de ses apôtres et de tous les Saints, que Dreyfus soit maintenu au bagne ou condamné derechef. Vous savez aussi – Oh ! combien ! – que je suis, à cet égard, dans la tradition universelle de l'Église, et que, par toute la terre, les chrétiens n'ont prié, pleuré, souffert depuis dix-neuf siècles que pour cet objet. Urbain Gohier, qu'il ne faudrait pas confondre avec Urbain II, vous est garant de ce fait que les Croisades, par exemple, furent une entreprise criminelle de l'État-Major dont il n'a tenu qu'à un fil, que Piquart et le doux Crétin des Pyrénées ne devinssent les déplorables victimes.

Ces idées, pas banales du tout, pas gâteuses pour un centime, comme on peut voir, appuyées d'ailleurs sur une science énorme et vérifiées par un déclenchement philosophique très supérieur, vous sont devenues familières et précieuses, et votre amitié pour moi est d'autant plus attendrissante qu'il demeure constant, indubitable que je suis chaque matin, ici ou là, parmi la « cohue des hypocrites assassins » qu'on est toujours sûr de rencontrer dans les petites chapelles homicides, où on ne verrait que vous, Henry, s'il n'y avait pas cet inconvénient, où on n'entendrait que vos sanglots de contrition et d'amour divin au pied des autels.

Mais à quoi bon remuer des matières que vous avez déjà tant odorées et subodorées ?

Passons à autre chose.

Je consens, mon cher Henry, à être pour vous un assassin, voire un hypocrite, à la façon de ces commissionnaires dont les Chinois ouvrent le ventre pour les alléger de leurs intestins avec des attentions particulières et qui mettent quelquefois trois jours à mourir. Oui, sans doute, et de tout mon cœur, mais non pas un mufle. Or, je suis menacé de ce soupçon. Voici les faits que je désire, dont je veux absolument que vous soyez juge. Il m'est odieux de penser que telle ou telle plainte d'un orgueil blessé pourrait vous porter à croire

117

que j'ai manqué totalement de noblesse en tel ou tel cas.

Lisez d'abord cette lettre de moi à Rémond :

(Copie de ma lettre du 16 mai.)

Il m'est impossible naturellement de deviner ce que vous sentirez à la lecture de cette lettre et je n'ai le droit de rien préjuger. Il y a trop peu de mois que vous adorez le Salaud d'entre les salauds pour avoir pu déjà devenir abject ou complètement gâteux. Quand on a fait *Le Christ aux Outrages*, il faut, sans doute, un peu plus de temps. Mais, en souvenir d'une époque où, fier de tenir votre main dans la mienne, vous ne baissiez pas le front devant un individu reconnu par vous-même immonde ; en mémoire de cette époque, si peu lointaine, où les sales millions du tripoteur du cul des bourgeois vous faisaient horreur ; Léon Bloy resté pauvre pour l'amour de Dieu et qui vous choisit quand même pour juge, ose vous écrire qu'il ne voit en cette réponse de Rémond l'ayant relue attentivement six jours de suite que ceci, absolument : *Je ne peux rien pour vous, parce que je n'ai que cent mille francs.* Il est possible qu'en sortant d'acclamer Zola, vous trouviez cela sublime, mais tout de même. [...]

Mais je ne veux pas que vous receviez de fausses impressions et j'ai tenu à vous faire juge, persuadé, je le redis, qu'entre un jeune homme aussi orgueilleux que Rémond et moi, tout est fini, après cette lettre. Or, vous le savez, quand on n'est pas avec moi on est contre moi et c'est un miracle inouï, mon cher Henry, que vous ne soyez pas devenu mon ennemi depuis que vous marchez avec les Bourgeois et que vous vous faites casser la figure pour les Propriétaires. Car il n'y a pas à dire, vous serrez la main à des gens que je craindrais d'honorer d'un coup de soulier dans le cul, et qui me haïssent. Et vous avez tellement renié les grandes choses pour lesquelles seules j'ai voulu vivre et mourir, que lorsque nous nous reverrons, nous n'aurons pas plus à nous dire que si nous étions deux morts.

IVAN BRUNETTI

Misery Loves Comedy

Cher connard : t'es qu'un merdeux de première.

« ... d'une certaine façon, je regrette sincèrement les jours les plus noirs de ma dépression. »

« plus peur de la mort... c'est même une éventualité qui est la bienvenue... »

« Je n'arrive plus à supporter la vie. »

« Heureusement, rien de bien ne m'est jamais arrivé, et cela ne changera pas... »

Génial. Et maintenant, comment vous vous sentez Mme Valérie Brunetti ?

Oh, s'il te plaît ! Espèce de connard de poseur pathé-tique ! Avec tes attitudes à la Eddie Vedder ! Pauvre merde morose chic !

Arrête ça tout de suite ! C'est le genre de saloperie que tu continues à pondre pour tes « fans » et des amis aveuglément confiants, et moi, honnêtement, j'en ai ma claque. Est-ce que tu es À CE POINT psychologique-ment atteint pour que tu aies fait ou (Dieu me pardonne) fasses un jour subir, à toi-même ou tes anciens camarades de classe, des choses aussi horribles ? Va te faire mettre. Tu connais la vraie réponse, mec. Et moi aussi. Je te connais depuis plus de dix-neuf putains d'années, et voilà la question que j'ai pour – toi, tes amis, tes cons de fans (ha ha ha ha – faut vraiment qu'il y ait un sacré vide culturel dans notre société pour que des types s'intéressent à ton boulot) : qui ou quel est le vrai Ivan ?

On s'en fout en fait, non ?

J'ai lu tes bandes dessinées, tes lettres d'info et d'autres textes, je connais tes blagues et tes opinions, mais je suis et je vis dans la réalité, et IL Y A UNE PUTAIN DE CONTRADICTION dans ton histoire, Quentin ! (J'ai décidé de t'appeler Quentin.) Toi et Val vivez modestement, mais confortablement, vous avez des boulots stables, vous êtes jeunes encore (presque des enfants dans un monde d'adultes), et vous êtes tous deux hautement diplômés – tout ceci est très respectable et montre un épanouissement mutuel. Toi, seul, tu as continué ton chemin dans le dessin, tu as même récemment exprimé quelque ambition quant à un éventuel business autour de la BD, et le désir de devenir plus connu que Kurt Cobain… Et en plus de ça, t'as même une collection de figurines de malade qui grossit de jour en jour. C'est ça la misère ? La dépression qui te ronge ?

« Prendre la mesure du vide ? » Tarlouze ! En fait, je t'envie, Quentin.

Laisse-moi te mettre en parallèle ma vie, afin de te montrer à quel point tu es myope, pauvre con. J'ai vingt-huit ans, j'habite toujours chez mes parents, j'ai pas de bagnole, pas de diplôme (ah si, mon brevet – encore moins utile qu'un rouleau de PQ usagé, sur le marché du travail), une carte de crédit honteusement saturée de dettes, un boulot sans avenir où je passe mon temps à faire des photocopies dans un cabinet d'avocats, un talent artistique dont je ne sais absolument pas quoi faire. Oh, et en plus je n'ai pas de petite amie pour, au moins, me vider les couilles et me détendre de temps à autre. Ça c'est de la putain de dépression, mec, du genre rien-ne-va-l'existence-est-une-impasse-je-fais-rien-de-ma vie – le vrai MALHEUR !

Ha ha. Ma merde pue plus que la tienne ! Niarf niarf !

Alors pourquoi t'essaies pas d'être plus franc et honnête avec toi-même, sans parler de ta si large (arf !) cohorte de fans, Quentin. Bon Dieu, tu crains... espèce de salope décérébrée... connard... espèce de... dis-le à tout le monde, bordel ! Tu te comportes de manière irratique [*sic*] car tu n'es qu'un... hermaphrodite. Aaaargh !

Bon sang ! Oh, quel pied j'ai pris des deux côtés ! Je t'aime et je te hais. Je te défie d'imprimer ça et de faire preuve d'honnêteté avec les gens ! Pourquoi... Pourquoi est-ce que tu ne m'appelles plus, s'il te plaît ? Que Val ait accepté les deux, « Dick » et « Jane », je m'en tape – J'ÉTAIS TON PREMIER, espèce de TARÉ ! ! Tu peux pas me rejeter comme ça, Mortimer, pour ensuite construire un édifice de mensonges, mensonges, MENSONGES !

Ne laisse pas tomber notre histoire, bébé.

À moins que tu ne saches dans quelle direction le personnage d'« Ivanshowbiz » va, je ne me ferai plus chier à lire tes BD, tête de pine. Mais si tu te décides à ne plus me les envoyer, je te PROMETS que je te ferai buter. Si tu me laisses sucer ton chibre bien gonflé et mettre un doigt sur ton clito rougi (en même temps), alors je réfléchirai à revenir avec toi et ta « femme » (quelle blague – combien la paies-tu pour qu'elle apparaisse à tes côtés, Mortimer ? !).

Un truc encore, espèce de transgenre consommateur de Tampax (oh, comme j'aimerais lécher un de tes tampons usagés…) : « Lucky », ton putain de chat (cette énorme crevure), devra lui aussi être mon jouet sexuel à plein temps.

J'espère que tu crèveras avant que je te bute, car je ne veux plus jamais avoir à gâcher mon énergie sur ton cas de boîte de Petry [*sic*] foireuse, de bouffeur de merde, petit-garçon-touche-pipi, gratte-toi-le-cul-et-attends-la-pluie, sniffeur-de-bite-fromage-sans-talent, collectionneur-de-BD, éjaculant-sur-son-propre-bide ! ! PLUS JAMAIS ! !

XOXOXOXOXOXOXO

Tony Kresich

Chicago, Illinois

P-S : je rêve de toi dans ces talons aiguilles rouges bien bandants, espèce de grosse allumeuse reine des tarlouzes, portant aussi cette robe de soirée en velours noir que je t'ai offerte y a cinq ans à Noël. Tu te penches en avant pour ramasser le dernier numéro de la gazette *Pédophilia* que je t'ai achetée, abandonnée sur le sol à dessein, afin que je puisse te brouter gentiment la touffe, et ensuite féconder ma planète favorite du système solaire : Yuranus [*sic*]. Comme j'aime humer ton odeur de fille-mâle…

JUSTE LÀ. Un jour, je te le promets, je te traquerai et te coincerai, juste sous ton putain de porche de tarlouze, et je te ferai sortir les yeux des orbites avec des coupe-papiers. Ensuite, je poignarderai ta bite vingt fois avec un des coupe-papiers ensanglantés, et je planterai l'autre dans ta petite chatte, afin de te voir éjaculer, encore et encore et encore... Et finalement, tu mourras, au même moment exactement ! T'es qu'une poubelle à foutre perverse et attardée, malade, malade, MALADE !!

PP-S : Je ne suis plus ton ami.

ÉCRIRE À :
IVAN BRUNETTI
2201 W. WINONA
2ND FLOOR
CHICAGO, IL 60625

« RATÉE DU SOMMIER »

Aux critiques

LOUIS ARAGON

Le Paysan de Paris

J'aurai passé dans ce monde avec quelques-uns qui sont tout ce que vous avez jamais aperçu de plus pur dans le ciel un soir d'été (André Breton, par exemple), au milieu du mépris, des insultes, sous les crachats. Mais si un jour mes paroles deviennent sacrées, elles le sont déjà, alors qu'on m'entende au loin rire. Elles ne serviront pas à vos fins misérables, hommes qui croyiez nous bafouer, crapules. Et quand je dis *journaliste* je dis toujours *salaud*. Prenez-en pour votre grade à *L'Intran,* à *Comœdia,* à *L'Œuvre,* aux *Nouvelles littéraires,* etc., cons, canailles, fientes, cochons. Il n'y a pas d'exception pour celui-ci, ni pour cet autre : punaises glabres et poux barbus, vous ne vous terrerez pas impunément dans les revues, les publications équivoques. Tout cela sent. L'encre. Blatte écrasée. L'ordure. À mort vous tous, qui vivez de la vie des autres, de ce qu'ils aiment et de leur ennui. À mort ceux dont la main est percée d'une plume, à mort ceux qui paraphrasent ce que je dis.

LOUIS ARAGON

Traité du style

Mais ici je dois faire amende honorable aux journalistes. Il est à remarquer que mon précédent chef-d'œuvre, c'est du *Paysan de Paris* que je veux parler, n'a pas reçu de la presse le genre d'acclamations, de hourras, d'encouragements en un mot, qu'il était en droit d'attendre, étant donné ses belles couleurs et le parfait fonctionnement de l'ascenseur et des précautions oratoires. Cependant quelques injures à l'adresse des journalistes s'étant glissées, sans doute par inadvertance, au bas d'une page, et j'ose dire d'une des meilleures pages du livre, une explication satisfaisante tant au point de vue scientifique qu'à toute autre a été avancée par un savant allemand de quoi, de quoi, de ce phénomène météorologique. Il paraîtrait que les journalistes sont des termites qui nichent dans l'oreille de la renommée, ou bien, selon d'autres auteurs, ils seraient des annelés du genre *vers du nez*, ne se nourrissant que de moutarde et de défécations, mais d'une susceptibilité telle, qu'ils ne

130

peuvent s'entendre traiter de salauds sans trépigner et grincer des dents. Or je les ai traités de salauds. Si j'avais mieux connu la zoologie assurément je les eusse de préférence appelés canailles. Mais les cours de la Sorbonne m'ont vraiment très mal profité. Donc, cette fois, averti par l'effet de mes précédentes injures, désireux de donner plein cours à cet ouvrage présent, qui se recommande, remarquez bien, tant par la qualité de l'écriture que par la serviable intention de l'auteur de faciliter à ses lecteurs, et en premier lieu aux impétrants au diplôme de bachelier, l'étude amère de leur langue maternelle, je m'empresse de mettre, et non plus en note cette fois, mais en la place la plus honorable, en plein exorde, un joli bouquet d'excuses à ces Messieurs des Rédactions. Je retire tout ce que j'ai dit. On peut, à la rigueur, serrer la main à un journaliste. Où a-t-on vu d'ailleurs qu'un homme qui avait serré la main à un journaliste, épouvanté de son déshonneur, se soit jamais brûlé la cervelle, ou même ait essayé de se la brûler seulement ? Sa mère l'a-t-elle chassé, disant : Va, Va, tu n'es pas sorti de mon sein ? Sa chaste fiancée s'est-elle faite religieuse, et quand il s'est présenté à la grille du couvent, où peut-être une autre démence après tout l'avait poussée, s'est-il entendu dire par la tourière : Arrière, tu as serré la main d'un journaliste ? Non. Je dirai bien plus : il y a des gens qui tiennent pour flatteur de connaître un rédacteur au *Petit Var*, et même à *L'Intransigeant*. Bien que l'on puisse considérer ce genre de jugement comme l'effet d'une perversion qualifiée, ou tout au moins d'une imbécillité crasse, il faudrait que je fusse de bien mauvaise foi pour passer silence sur une particularité si intéressante, d'ailleurs omise au Dictionnaire dont l'article *journaliste* témoigne surtout de la terreur répugnante des académiciens devant les périodiques, comme dit la poste. Donc je déclare qu'il est possible de serrer la main d'un journaliste. Sous certaines réserves, s'entend. Se laver ensuite. Et pas seulement la main contaminée, mais tout le reste du corps, particulièrement les parties sexuelles, pour ce qu'on sait encore très mal comment le journaliste empoisonne ses victimes, et qu'il n'est pas très sûr qu'il ne dégage pas par tous les pores de la peau ou du vêtement une espèce de venin volatil et singulièrement infecte qui serait d'une aptitude extraordinaire à se loger dans les plis de flexion, même les mieux cachés par l'habitude et la décence. Je parle maintenant pour ceux qui ont un domicile. Si un journaliste se présente à votre porte, je vous conseillais jusqu'ici de le jeter très promptement à la rue, sans rien entendre. J'avais tort. Je vais réparer l'injure faite à la presse par un conseil plus modéré qui mettra d'accord tout le monde. Mais auparavant je supplie Messieurs les Journaux de considérer, et en premier lieu Messieurs les Journaux critiques, que mes précédents ouvrages ont été écrits dans ma prime jeunesse, alors que je n'avais encore ni expérience, ni réflexion. Parmi de grandes beautés qu'on y démêle, certains propos hâtifs, et qui sont plus le fruit de l'inconsidéré que du pli au pantalon, ne doivent pas être pris pour l'expression dernière de ma pensée. On verra par cet écrit même combien je suis assagi. Et m'assagirai. Qui sait, je finirai peut-être par dire qu'un journaliste est presque un être humain. Mais je n'en suis pas encore là, je parlais aux domiciliés. Ainsi ne jetez pas l'intrus sur le pavé. Il pourrait vous en cuire, et vous auriez le lendemain un désagréable réveil en lisant votre nom écrit avec de la bave dans les colonnes du *Matin*. Faites entrer le visiteur, mais seulement dans le vestibule. Si vous n'avez pas de vestibule, vous avez bien des cabinets d'aisance. En tout cas jamais dans la cuisine, c'est malsain. Mettez des gants, couvrez votre tête du drap noir dont le photographe s'affuble pour obtenir de nous une immobilité relative, et demandez alors poliment, mais sans platitude, ce qui vous vaut un tel dérangement. N'écoutez pas la réponse, et dites à l'instant : Je verrai plus tard. Puis sans vous préoccuper davantage des propos tenus par le dangereux scolopendre, faites-le violemment sortir. Pour cela usez de surprise, et ne vous y reprenez pas à deux fois. Ensuite partout où vous pourrez apercevoir la trace luisante de la méduse, passez la paille de fer, désinfectez l'air en brûlant du soufre, puis vaporisez quelque essence aromatique qui vous fasse oublier le remède aussi bien que le mal.

J'espère que maintenant les journalistes vont pouvoir regarder d'un œil tout nouveau les productions de mon génie. Je me suis abaissé devant eux à tel point que j'ai touché le sol, on ne peut me demander de continuer longtemps ce petit jeu-là.

SAN-ANTONIO

Tango chinetoque

J'ai lu accidentellement la prose (je trouve pas d'autres qualificatifs) d'une ulcérée de la jarretelle qui, dans un article (je continue à ne pas trouver d'autres mots) publié par un bulletin (c'est pourtant vrai que j'exagère puisque j'appelle ça un bulletin) extrêmement confidentiel, déclare que j'en remets pour rassurer le lecteur sur sa propre virilité. Textuel ! Je crois qu'elle ferait mieux d'analyser ses urines plutôt que mes écrits, la Madame Pudeur en question. Et pour lui prouver que mon vocabulaire n'est pas indigent, je tiens à lui dire qu'elle est une ratée du sommier, une refroidie du rez-de-chaussée, une virtuose du solo de mandoline, une passée-outre, une pas-réussie, une chagrineuse, une punisseuse, une empêcheuse de baiser en rond, une déglandée, une courroucée, une sèche, une qui voudrait qu'on l'inculque en couronne, une pionne à tout faire, une patibulaire, une pas tibulaire, une... Oh ! et puis flûte, de quoi je m'occupe, laissons donc les araignées tisser paisiblement leur toile sur le siège de sa vertu.

JEAN-CHRISTOPHE MENU

Correspondance

Jean-Christophe Menu à Bédéka

Ce n'est que par un mélange de pitié et de négligence que jusqu'à maintenant nous avons toléré que les livres de L'ASSOCIATION soient chroniqués dans votre prospectus pour arriérés mentaux. Il faut dire que jusqu'à présent, votre médiocrité était telle que nous n'avions même pas pris la peine de vous remarquer. Seulement voilà : un de vos pigistes de CM2 a eu, dans son ignorance, la mauvaise idée de manquer de respect à l'œuvre et à la mémoire de Jean-Claude FOREST. Vous n'aviez jamais reçu un livre de notre part. Considérez désormais que des photocopies seront encore de trop pour vous.

Veuillez définitivement éviter de nous importuner, de façon à éviter des désagréments complémentaires.

Jean-Christophe MENU.

Jean-Christophe Menu à Gilles Ratier

Gilles Ratier,

C'est tout à fait sciemment que nous ne t'avons pas envoyé de SP pour *Bandes Dessinées Magazine* qui est le pire torchon de porcs que la bande dessinée ait jamais produite. Honte sur toi de collaborer à cette dégueulasse-rie. « Dommage pour nos auteurs » ?!?

Ils nous sont bien reconnaissants, nos auteurs, que nous veillions à ce qu'ils ne se retrouvent pas compromis dans ce qui se fait de pire en matière de presse-poubelle.

Et tu croyais qu'en plus on allait t'envoyer un livre ?

Rêve si tu veux, dans ta boue.

Mais ne demande plus jamais rien, comme on ne t'a jamais rien demandé non plus. D'ailleurs tu es le premier cochon qui n'existe même pas.

Jcmenu.

Jean-Louis Capron à Didier Pasamonik

« *Monsieur* »,
bla bla bla bla
« *P-S : Je viens de recommander à* Actua BD *de ne pas publier votre message. Allez vous faire voir ailleurs… »*

Vous êtes furieux. Vous êtes blessé. Vous en perdez votre ton d'instituteur pour éructer comme un charretier. Mais je constate à lire votre post-scriptum que vous n'oubliez pas de rester cohérent avec ce qui fait de vous un salaud sans envergure. Et un grand démocrate, comme je m'y attendais.

Je laisserai vos éventuels futurs messages sans réponse.

Pasamonik,

La façon dont tu te déshonores est un vrai cadeau de Noël. Tu t'es donné bien du mal pour essayer de me blesser, dis donc. Même les flics dans un interrogatoire sont moins tordus que toi dans leur souci d'humilier leur interlocuteur. Sauf que je crois que même un flic pourrait me faire éprouver une certaine compassion, alors que toi...

Tu peux rassurer ton pauvre ami Ratier qui est si malheureux d'avoir été injurié par quelqu'un qu'il ne connaît même pas : il est bien évident que je n'ai ni plus ni moins de mépris pour Ratier que pour toi Pasamonik, ou que pour les Mélikian, Loiselet & Co. Il n'est ni plus ni moins un « porc » que toi et les autres. D'ailleurs le porc est bien trop proche de l'humain pour qu'on vous en attribue l'épithète : je frémis à l'idée que l'on puisse greffer un organe de Pasamonik à quelqu'un ! Finalement le bon vieux « cloporte » demeure parfait pour vous.

Ratier a juste été le Témoin de Jéhovah qui a sonné à la porte une fois de trop et qui s'est ramassé le coup de poêle. Une heure avant, ç'aurait été Mélikian, et ça ne change rien : les parasites de votre espèce sont interchangeables. Puisque vous n'êtes pas capables de comprendre qu'on ne veut pas avoir affaire à vous et à votre TORCHON DE PAPARAZZI DE MERDE, donc, puisque tel est le sujet ; au moins l'injure, ça marche, la preuve : tu ne peux pas savoir la joie que j'ai de ne plus jamais avoir à t'adresser la parole, Pasamonik. Tu vois, c'est simple ce que je demande. Et ça devrait te convenir. Alors transmets le message.

Oups : j'allais oublier d'être ordurier.

Va chier, bien sûr.

JCMENU

P-S : J'ai jamais lu *Bagatelles pour un massacre*.
Tu me le prêtes ?

✳

Des éditions inculte à L'Association

Bonjour,

Nous préparons actuellement une anthologie de l'insulte en littérature (anthologie qui n'a pas encore de titre, et qui paraîtra à la rentrée).

Nous souhaiterions y faire figurer quatre brefs extraits de correspondance parus dans *L'Éprouvette* n° 1. Je vous copie les textes en question en fin de mail.

Vous semble-t-il possible que nous reproduisions cela ?

Nous ferons évidemment figurer toutes les mentions de copyright.

Merci d'avance,
Cordialement,

Mathilde Helleu
Éditions inculte

De Jean-Christophe Menu aux éditions inculte

Cochonne pourrie,
Tu trouves intéressant de publier de vieilles lettres d'insultes sans aucun intérêt. Tu n'en as pas l'autorisation.
L'insulte est un art, pas une histoire.
Fais-en les frais, connasse !
Jcmenu.

Des éditions inculte à Jean-Christophe Menu

Cher éditaillon de mes deux, vieille eau de chiottes,

Tes maigres injures sentent le renfermé, elles sont plus flétries que la peau de ta pine canonique. Si l'insulte est un art, tu ne lui es qu'une tumeur scrofuleuse.
Utilise tes lettres pour torcher les plis de ton vieux cul.

Bien en toi,
MH

« SATANÉE PETITE SALOPERIE GAVÉE DE MERDE »

Du portrait

L'ARÉTIN

À messire Lodovico Dolce

Riez, compère, en m'entendant dire non pas comment ce sale Franco déchire les braves gens (il n'en est pas capable) mais comme il voudrait le faire si sa monstrueuse pédanterie était à la hauteur. Ce minable fait penser à un chien que tout le monde chasse et déteste ; il lorgne l'os qu'il ne peut mordre et se met à aboyer si vigoureusement que force est de comprendre qu'il meurt de faim. Au cours de ma vie, j'ai vu beaucoup de fous, d'insolents, d'envieux, de méchants, d'injustes, de vaniteux, d'entêtés, d'arrogants, de grossiers et d'ingrats ; mais folie, insolence, jalousie, méchanceté, injustice, vanité, entêtement, arrogance, grossièreté et ingratitude comme les siens, jamais. Le scélérat, gonflé d'un orgueil qui lui promet une renommée de grand poète, ne fait que se complaire en soi-même. Il se prend à témoin des louanges qu'il croit mériter, il devient son propre adorateur. Il n'aime que lui seul et se donne à lui-même exaltation et récompense. Avec son poignard,

Ambrogio lui a à juste titre laissé le souvenir ineffaçable d'une balafre en pleine figure. J'aurais dû m'en réjouir et je l'ai regretté, car la charité qu'on lui prodigue est une injure aux œuvres de miséricorde dont il sera toujours le seul à être indigne. Pardieu ! Je n'arrive pas à concevoir qu'un porc comme lui aurait pu trouver une bonne grâce égale à celle avec laquelle j'ai retardé sa déchéance. Je n'arrive pas non plus à imaginer quel autre âne aurait pu m'en remercier de façon plus ignoble. Le pauvre crétin arrive dans cette ville divine ; il tombe sur notre Quinto, s'abrite sous son ombre, se rapièce avec ses chiffons, se rassasie de ses quignons de pain. Finalement, il y avait plus abondance d'air que de pain et la brute ne pouvait se métamorphoser en caméléon. Alors il me fit dire par Gherardo que, si je voulais bien l'admettre comme esclave, il me servirait comme tel. Je vais vous dire la vérité : s'il ne s'était pas précipité à ma table comme la présomption se jette sur la renommée, je me serais, malgré ma prodigalité, montré très avare envers lui. Car, outre son lieu de naissance, le « *faciebat et iocabatur Francus* » qu'on lit au bas de son affreux *Temple d'Amour* m'avait éclairé. Quoi qu'il en soit, son très heureux destin et ma très mauvaise fortune non seulement me le collèrent aux repas midi et soir, mais l'installèrent chez moi si confortablement qu'un frère ne pourrait attendre mieux de son frère, ni un fils de son père. Il était le pédagogue le plus maigre et le plus mal attifé qui ait jamais ingurgité sa soupe ; une de mes servantes aurait explosé si elle ne s'était exclamée : « Notre patron recevait de grands personnages, le voici aubergiste de chenapans ! » Un mois plus tard, ne reconnaissant plus Nicolo, elle lui dit : « Poux, rentrez au

144

trou ! » Elle pouvait le dire car je l'avais vêtu en homme digne. Lui, le plébéien, voyant poindre parmi les habits béret et souliers de velours, avoua que j'avais l'habitude de donner des choses que le méchant ne méritait pas de porter. Mais dès que cet imbécile comprit qu'il était sorti du besoin, il se mit à faire des miracles avec sa prosopopée dans ses *Sonnets*. J'en vis un certain nombre et lui dis : « À mon avis, il y en a quatre ou cinq dont vous pouvez vous vanter. » Le visage en feu, il me répondit que ses compositions étaient toutes parfaites et que Pétrarque ne saurait juger de leur qualité. Je ne dis mot en enregistrant le son de ces paroles horripilantes ; il me traita de maquereau avec cette déférence qui lui est propre. Il y a plus d'honneur à tolérer l'offense qu'un téméraire nous inflige dans notre maison que de honte à s'en venger. Ensuite, ce sodomite, qui avait été le copiste de mes lettres, en devint le rival et il en fit un livre dont on ne vendit pas un exemplaire et qui ruina un Français, Gardane, qui lui avait avancé l'argent de l'impression. Il m'a battu, je ne le nie pas, en nombre, titre, style, rapidité, qualité du papier, peinture et renommée, mais non en qualités humaines. Eh oui ! Sa canaillerie finit par m'exaspérer, après que j'ai déshonoré mes œuvres en y mentionnant ce coquin. Mais je vous suis reconnaissant de dire que les éloges que je lui décerne – et qu'il ne mérite pas – viennent de ma bonne nature et non d'un défaut de jugement. Certes il me plaît de gonfler l'importance de ceux qui m'entourent, même si je dois me repentir de gaspiller ma voix pour un filou le jour où la pitié n'a pas su analyser ma pensée. Qu'on regarde ce vaurien et on aura, me semble-t-il, un bon exemple de ma patience et un témoignage de ma grande libéralité.

Est fort et magnanime qui oublie les injures dont il pourrait tirer vengeance ; j'attends de châtier cet ivrogne par la générosité après lui avoir rendu la vie par l'aumône. Le buffle errant vit chichement avec deux onces de pâtes par jour. Monseigneur Lione trouva la formule adéquate lorsque, déboursant quelques lires pour ses sornettes, il dit : « Ce n'est pas une récompense pour ces bavardages mais une aide au malheur d'un mendiant. » Je ne peux m'empêcher, même si c'est mal à propos, de citer la gouvernante de l'ambassadeur de Mantoue. Entendant le triste sire jaser contre moi, elle l'attrapa par le col d'une chemise dont j'avais vêtu sa nudité, en criant : « Quand vous parlez mal de celui qui vous a donné cette chemise, ôtez-la d'abord ! »

Mais tout cela n'est rien à côté de la vantardise que ce bovidé étale pour exalter ses *Dialogues* bien au-dessus de tous ceux qui en ont jamais composé. « Voici où je devance Lucien », signale l'âne bâté. Dans son commentaire sur la *Priapea*, le lourdaud jure que seul le génie de Franco pénètre ces arcanes. Si quelqu'un a un tel mépris du temps qu'il lui soit indifférent de perdre une demi-heure, ou si dans son oisiveté un désœuvré veut rigoler un peu, qu'il lise donc le passage où la canaille se donne le surnom de Sanio et nous verrons s'il ne vomit pas en l'entendant dire : « La profonde intelligence de Sanio peut assimiler les secrets que nous cache le ciel », et il ajoute : « La véritable science est un don de l'esprit surhumain de Sanio. » Pendant ce temps, le gueux crève de misère avec en supplément le mal qu'hommes et dieux souhaitent à cet affreux mulet. Et c'est justice puisque sa venimeuse perfidie n'est que haine pour les uns et mépris pour les autres, si bien que sa langue est la lie de la diffamation et l'excrément du blasphème. Titien, que révère la nature elle-même, rivale de son pinceau en beauté et en vérité, raconte que le vaurien, l'apercevant de loin et obligé de le croiser, cacha son bonnet sous sa veste pour ne pas avoir à le retirer. Pourtant le fripon serait mort étranglé par le jeune sans la pitié de cet homme plus que célèbre qui l'a traîné sous la protection financière de l'orateur Agnelli, et les bontés de celui-ci ne lui ont valu qu'inimitié après les bienfaits qu'il a eu le tort damnable d'accorder à ce sale nigaud. Il suffit à ce juif de se pavaner chimères en tête, paré de la guirlande de ses sornettes écœurantes, et de leurrer son cerveau fêlé. Son caprice l'a fait aboyer contre Sansovino, joyau de notre génération et qui sera la merveille des suivantes. « Que diriez-vous si, pour faire honte à votre Pietro qui en touche deux cents de l'empereur, le roi m'en donnait quatre cents ? – Je m'en étonnerais, repartit messire Jacopo, mais tant que ce n'est pas fait, je m'en moquerais. » Quand on rapporta à Serlio, ce grand homme de l'architecture, que le mâtin lui avait donné une certaine célébrité par ses écrits, il répondit : « Je m'en tire bien s'il ne me retire pas celle que j'ai. » Marcolini, ami loyal par excellence, apprit que le poivrot, jubilant de voir ses inepties imprimées, s'était exclamé : « En ce lieu, j'ai privé l'homme de Forli de son pain et l'Arétin de son crédit ! » Il repartit : « Si mon pain et le crédit de mon ami ne s'étaient trouvés là, Franco serait marmiton ! »

Qu'avez-vous pensé quand le fou furieux se disputa avec Fortunio, modèle de savoir et honneur de l'éloquence ? Si l'on a vu un serpent, l'échine brisée, ne pouvant plus bouger et ne cessant de faire vibrer sa langue, relever la tête et cracher le venin, on a l'image de ce gibier de potence, l'échine rompue par sa jalousie même, aboyant comme un Cerbère ou mieux comme il le fit, le méchant, quand la famille du seigneur Giangiovacchino lui compta autant de coups dans le ventre que de lettres prétendûment envoyées par l'effronté téméraire au roi de France. Bénies soient les mains de Venier et de ses compagnons : ils avaient entendu ce charretier se vanter d'avoir introduit les gentilshommes dans ses poèmes non pour les louer mais pour vendre ses merdes à ceux qu'il célébrait ; ils infligèrent au fourbe à quatre heures de la nuit une belle volée de coups de boucles de ceinture.

Mais ne sommes-nous pas chrétiens ? N'avons-nous pas une âme ? Si nous le sommes et si nous en avons une, allons le sortir de la paille où, enveloppé dans un bout de torchon, il est en train de contempler ses blessures, sans le moindre subside. Le bon Srampone répondait à un élève qui lui demandait qui était l'auteur de ces bavardages sous forme de mauvaises épîtres de quatre sous : « C'est une corneille qui voudrait chanter dans le langage des Arétins, mais sans la moindre grâce. »

Terminons sur Dragoncino ; ce bandit l'a imité. L'aimable jeune homme, sachant que le débauché blâmait les subtilités de son *Lippotopo*, déclara : « Si je n'avais honte d'avoir affaire à un traître aussi malhonnête, je lui donnerais autant de coups de bâton que lui en a fait distribuer dame Giulia Ricci quand ce pouilleux l'insulta pour ses façons amoureuses. » À quel point ces coups d'assommoir furent brutaux, durs, cruels, retentissants, innombrables, un certain Francesco Alunno pourra vous l'apprendre, car c'est chez lui, dans son école, que cette tête de bourrique est venue se faire panser pour éviter que je sache qu'on lui avait cassé les bras.

Mais je mérite que la plume de Pasquin éborgne ma réputation puisque je gaspille mon encre à discuter d'un si vil vermisseau.

Venise, 7 octobre 1539

FRANCISCO DE QUEVEDO

Poème contre Don Luis de Góngora

Puisque vous composez des vers,
notez que les poètes disent
que, bien qu'énigmatiques,
vous les rendez bien publics.
On dit que vous avez la colique,
car vous vous purgez par la bouche ;
on vous présente satirique,
puisque vous nous étrillez tous ;
vous avez découvert la merde
avec les merdes que vous chantez.

De vous disent quelque part
Apollon et toute sa clique
que vous êtes un abominable poète,
puisque vous chantez le cul de la sorte.
C'est pourquoi on m'a recommandé
qu'à partir d'aujourd'hui
je dise que je chante vos œuvres,

sur ordre d'Apollon,
avec le seul instrument de mes fesses.

Il n'y a de musique où ne soient
vos immondes travaux,
car si les basses sonnent bien,
sonnent bien mal les sopranos.

Et quand on leur donnerait l'apparence
que le vulgaire affectionne,
quel homme ou femme qui chante,
s'il a toute sa raison,
entonnant des vers de merde,
ne rendrait les strophes par la gorge ?

Avec Esgueva vous êtes fâché ;
on dénonce sa malpropreté,
ses maux se situant, tellement il est galant,
au niveau du trou du cul.
Vous faites des vers par oisiveté ;
or nous ne célébrons, audacieux,
que ceux-là qui sont bien nés ;
car dans une autre conversation,
pour être sales comme ils le sont,
vos vers ne peuvent être admis.

Vos *concetti* je louerai,
puisque vous les trouvez en péchant
à la façon des chats,
car vous le faites avec la queue.
Vous avez une intelligence brave,
vous faites des choses pèlerines,

vos strophes sont divines ;
à ceci près qu'un docteur
dit de vos lettres, seigneur,
qu'elles sont devenues latrines,

Que je complimente vos vers
cela n'est que justice,
car, pour être vers de mirliton,
ils en jouent d'autant mieux de la flûte.
Depuis le Scythe jusqu'au rude Noir,
et depuis le Tage doré
jusqu'au Nil tant célébré,
il n'y a pas de génie plus judicieux
ni développé ; mais, à quoi bon
s'il pousse sur du fumier ?

Elles sont si dégoûtantes à regarder,
les rimes que vous donnez pour riches,
qu'on les fournit en pharmacie,
en guise de vomitif.
Je vous cherche un nom
qui vous siée comme un gant,
et je découvre qu'un brave vous nomme,
qui vous connaît de Cordoue,
« poète d'entre onze et douze »,
qui est l'heure à laquelle on se couche.

Où chercherez-vous excuse
pour ce que tout le monde voit,
car on vit, au milieu du radieux été,
votre muse fangeuse et boueuse ?

Ou peut-être Circé ou Méduse,
ou les deux ensemble,
vous ont transformé, par Dieu,
que vous oublieriez toute dignité
si la police sur l'heure
ne venait vous embarquer.

Pour ma part je ne doute point
que les strophes incriminées,
comme l'indique leur aspect chié,
vous ne les fîtes pas seul.
Mieux vaudrait que vous ayez
la langue muette sur les saletés ;
laissez les ventosités ;
comprenez que vous êtes ainsi
l'égout par où le Parnasse
purge ses immondices.

FRANCISCO DE QUEVEDO

Pour Don Luis de Góngora : Romance

Poète du « Ô ! que c'est beau ! »,
bourreau des vocables,
à qui, à force de tours d'écrou,
tu fais dire quelque chose ;
persécuteur des rivières,
comme si tu étais saoul,
sans pardonner aux sources
ni aux flaques par leur saleté ;
toi qui à la sauvette donnas
une petite romance au Tage,
car, dans les monts de Cuenca
où l'on trouve des bois de pins,
tu devrais te souvenir
de ce bon vieux temps passé
où tu fus poète Chêne-vert
pour les volées de bois vert reçues.
Poète des sodomites
et sirène des queues,

car c'est le fait d'un trou du cul
que toutes tes œuvres et ton style ;
chevalier, car jamais
tu n'es tombé de ton âne ;
balai d'ordure
des nymphes du Parnasse ;
poète des fins de repas,
muse des déboutonnés,
génie du lavement,
qui vise toujours le bas,
il n'est pas possible que tu sois fils
de la ville à qui doivent
Rome et le monde entier
les Sénèque et les Lucain.
Cordoue ne t'a pas enfanté,
c'est plutôt que tomba enceinte
de toi quelque contrée perdue,
et que tu naquis à la campagne.
On dit que tu es prébendier,
mais je te trouve plutôt bandit,
bien que par la queue et la saleté
tu sois chanoine du marché aux puces.
Tous t'appellent Góngora,
nom illustre et reconnu,
mais il en va comme du poulain
Manrique, du nom de son maître.
Qui t'apparente aux Grecs,
n'étant pas même troyen ?
Pourquoi de ce que tu n'as pas vu
parles-tu comme un perroquet ?
Que t'a fait Anacréon
dans les vers castillans,

que tu loues au même moment
où tu l'insultes le plus ?
Ses « douceurs (disais-tu)
sirupeuses », et tu as vu juste,
car c'est du moût suave et il rendit
le moût suave avec son chant.
Et le pauvre Lope de Vega,
tu le pris au passage
de ton assonance esclave,
seulement parce qu'il s'appelait Lope.
Qui t'a incité à mettre en langue
deux génies aussi rares,
sans être ordure ou obscénité,
qui sont inhérentes à ta bouche ?
Comme Érostrate tu voulus,
te voyant méprisé,
brûler le meilleur du monde,
embraser deux hauts temples ;
car ton infamie est si grande,
que tu te cherches un nom, outragé
par le moyen d'un grand châtiment
au prix de mille offenses.
Tu fais des stances
de vers tous aussi mauvais,
et quand ils vont monter leurs coups
les mauvais garçons les chantent.
« De la bride au cavalier,
étriers courts et longs »,
se ressasseront de tes blagues
les *concetti* écœurants,
et tu cesseras de demander
des lunettes, limité de vue,

car celles dont tu as besoin,
ce sont celles que portent les chevaux.
Pour te tirer de faibles vers,
c'est-à-dire pour les lâcher,
la veine que tu as te suffit :
tu en fournis assez chaque année.
Nous n'entendons pas de caleçons
par ici, bien que nous en usions ;
tu nous les donnes à entendre,
toi qui marches toujours dans ces quartiers.
Et pense que ni Quevedo
ni Lope ne feront cas de toi,
pour t'honorer de leurs réponses,
car ce serait grand péché.
Moi qui suis petit poète,
fils de tous les diables,
humblement né
parmi l'herbe et la paille ;
comme le barbier apprenti,
qui pour se faire la main
s'exerce avec des carottes
plutôt qu'avec les veines des bras,
ainsi je poétapprends,
pour voir ce que cela donne ;
j'oserai ensuite
satiriser les chrétiens ;
Gongorille, Gongorille,
pour l'amour de Dieu je te demande
que, pour pénitence d'avoir
fait un si mauvais sonnet,
tu t'en ailles avec Juan Garin,
douze ans comme chat,

et avec ton sonnet au cou,
pour leçon et épouvante.
Et prends garde que si tu réponds
à ces vers, paltoquet,
tu dois t'attendre pour réponse
à une autre romance plus longue.
Et que dès lors depuis ce jour
je consacre toute ma vie
à dire du mal de tes affaires,
même en rêve dans mon sommeil.
Contre la Galice tu écrivis,
terre de lard et de navets,
qui, comme elle est toute propre,
tout entière te fâcha.
Tu es très difficile,
un lettré ne te comprendrait pas,
puisque, honnissant les porcs,
tu célèbres tant le porc.
Tu n'es pas un vieux chrétien,
car on ne te voit pas encore chenu ;
fils de quelque chose, sans doute,
mais sans doute pas hidalgo.
Qui te connaît t'appelle
tripier du Parnasse,
car ta charge consiste seulement
à vider et à remplir des ventres.
Tu es les hémorroïdes d'Apollon,
par où le dieu, souverain
gracieux, purge des immondices
et du sang, s'il est fâché.
On me dit que tu as pour langue
une tripe entre les lèvres,

158

voyant que tu énonces par elles
des ventosités à longueur d'année.
Et dorénavant je veux
que de tes défauts tu t'amendes,
et puisque tu as la main courte,
n'aie pas tant pendue la langue.

CHRISTOPHE TARKOS

L'Homme de merde

Alors j'ai rencontré un homme de merde. Et je l'ai bien regardé et il était fait tout en merde et il portait des vêtements en merde. Dans la bouche, il avait des petites choses très dures et très noires et j'ai bien regardé, c'était de la merde. De la merde très sèche et très dure à la place des dents. Et alors j'ai regardé sa bouche, j'ai regardé l'intérieur de sa bouche, et il y avait une sorte de merde pâteuse et un peu coulante et, c'était dans sa bouche, et ses yeux étaient complètement vitreux, c'est-à-dire ça coulait marron, ça coulait un peu gluant et marron vitreux et j'ai bien regardé au fond de ses yeux et c'était de la merde. Et après j'ai regardé dans sa tête, et j'ai vu qu'à l'intérieur de sa tête, il y avait comme ça deux morceaux de merde très serrés, très serrés, très noués, très très très très noués, qui faisaient des tortillis comme ça, dans son cerveau, dans sa tête et c'était de la merde très serrée.

Et j'ai regardé au fond de son cœur et son cœur, c'était un gros bloc de merde. Et il y avait du jus qui sortait de son cœur, du jus marron, sale, c'était un gros jus de merde qui circulait de partout. Et je me suis dit c'est pas possible qu'un homme comme ça soit vraiment entièrement plein de merde. Alors j'ai regardé dedans encore, y avait un ventre, et dans son ventre, c'était très noué aussi. J'ai bien regardé, et c'était bien de la merde aussi qu'il y avait dans son ventre. C'était des tuyaux mais des tuyaux de merde et à l'intérieur des tuyaux de merde, il y avait une sorte de merde plus molle qui était à l'intérieur. Et je me suis dit c'est pas possible qu'un homme soit complètement plein de merde. Alors je l'ai écouté parler : tout ce qu'il disait c'était de la merde, et tout ce qu'il pensait, et toutes ses pensées, c'était de la merde. Je me suis dit c'est pas possible qu'un tel homme existe, je l'ai bien regardé, et qu'est-ce que j'ai vu ? J'ai vu un gros bonhomme de merde.

Inspirations, expirations.
Je gonfle.
Inspirations, expirations.
Je gonfle.
Inspirations, expirations.
Ça fait trente ans que je gonfle comme ça.
Inspirations, expirations.
Sur la plage.
Inspirations, expirations.
Des fois on voit passer des gens.
Inspirations, expirations.
Alors c'est bizarre je gonfle depuis trente ans et c'est pas encore fini d'être gonflé, alors je continue.

Inspirations, expirations.
Ça m'ennuie pas de gonfler.
Inspirations, expirations.
Je me demande quand même s'il y a pas une fuite.

INTERNATIONALE LETTRISTE

Finis les pieds plats

Cinéaste sous-Mack Sennett, acteur sous-Max Linder, Stavisky des larmes des filles mères abandonnées et des petits orphelins d'Auteuil, vous êtes Chaplin, l'escroc aux sentiments, le maître chanteur de la souffrance.

Il fallait au Cinématographe ses Delly. Vous lui avez donné vos œuvres et vos bonnes œuvres.

Parce que vous disiez être le faible et l'opprimé, s'attaquer à vous c'était attaquer le faible et l'opprimé, mais derrière votre baguette de jonc, certains sentaient déjà la matraque du flic.

Vous êtes « celui-qui-tend-l'autre-joue-et-l'autre-fesse » mais nous qui sommes jeunes et beaux, répondons Révolution lorsqu'on nous dit souffrance.

Max du Veuzit aux pieds plats, nous ne croyons pas aux « persécutions absurdes » dont vous seriez victime. En français Service d'Immigration se dit Agence de Publicité. Une conférence de presse comme celle que vous avez tenue à Cherbourg pourrait lancer n'importe quel navet. Ne craignez donc rien pour le succès de *Limelight*.

Allez vous coucher, fasciste larvé, gagnez beaucoup d'argent, soyez mondain (très réussi votre plat ventre devant la petite Élisabeth), mourez vite, nous vous ferons des obsèques de première classe.

Les feux de la rampe ont fait fondre le fard du soi-disant mime génial et l'on ne voit plus qu'un vieillard sinistre et intéressé.

Go home Mister Chaplin.

Serge Berna, Jean-L. Brau, Guy-Ernest Debord, Gil J Wolman
Internationale lettriste, n° 1, Paris, 1952

ISIDORE DUCASSE

Poésies

Laissez de côté les écrivassiers funestes : Sand, Balzac, Alexandre Dumas, Musset, Du Terrail, Féval, Flaubert, Baudelaire, Leconte et la *Grève des Forgerons* !

Ne transmettez à ceux qui vous lisent que l'expérience qui se dégage de la douleur, et qui n'est plus la douleur elle-même. Ne pleurez pas en public.

Il faut savoir arracher des beautés littéraires jusque dans le sein de la mort ; mais ces beautés n'appartiendront pas à la mort. La mort n'est ici que la cause occasionnelle. Ce n'est pas le moyen, c'est le but, qui n'est pas elle.

Les vérités immuables et nécessaires, qui font la gloire des nations, et que le doute s'efforce en vain d'ébranler, ont commencé depuis les âges. Ce sont des choses auxquelles on ne devrait pas toucher. Ceux qui veulent faire de l'anarchie en littérature, sous prétexte de nouveau, tombent dans le contre-sens. On n'ose pas attaquer Dieu ; on attaque l'immortalité de l'âme. Mais, l'immortalité de l'âme, elle aussi, est vieille comme les assises du monde. Quelle autre croyance la remplacera, si elle doit être remplacée ? Ce ne sera pas toujours une négation.

Si l'on se rappelle la vérité d'où découlent toutes les autres, la bonté absolue de Dieu et son ignorance absolue du mal, les sophismes s'effondreront d'eux-mêmes. S'effondrera, dans un temps pareil, la littérature peu poétique qui s'est appuyée sur eux. Toute littérature qui discute les axiomes éternels est condamnée à ne vivre que d'elle-même. Elle est injuste. Elle se dévore le foie. Les *norissima Ferba* font sourire superbement les gosses sans mouchoir de la quatrième. Nous n'avons pas le droit d'interroger le Créateur sur quoi que ce soit.

Si vous êtes malheureux, il ne faut pas le dire au lecteur. Gardez cela pour vous.

Si on corrigeait les sophismes dans le sens des vérités correspondantes à ces sophismes, ce n'est que la correction qui serait vraie ; tandis que la pièce ainsi remaniée, aurait le droit de ne plus s'intituler fausse. Le reste serait hors du vrai, avec trace de faux, par conséquent nul, et considéré, forcément, comme non avenu.

La poésie personnelle a fait son temps de jongleries relatives et de contorsions contingentes. Reprenons le fil indestructible de la poésie impersonnelle, brusquement interrompu depuis la naissance du philosophe manqué de Ferney, depuis l'avortement du grand Voltaire.

Il paraît beau, sublime, sous prétexte d'humilité ou d'orgueil, de discuter les causes finales, d'en fausser les conséquences stables et connues. Détrompez-vous, parce qu'il n'y a rien de plus bête ! Renouons la chaîne régulière avec les temps passés ; la poésie est la géométrie par excellence. Depuis Racine, la poésie n'a pas progressé d'un millimètre. Elle a reculé. Grâce à qui ? aux Grandes-Têtes-Molles de notre époque. Grâce aux femmelettes, Chateaubriand, le Mohican-Mélancolique ; Sénancourt, l'Homme-en-Jupon ; Jean-Jacques Rousseau, le Socialiste-Grincheur ; Anne Radcliffe, le Spectre-Toqué ; Edgar Poe, le Mameluck-des-Rêves-d'Alcool ; Mathurin, le Compère-des-Ténèbres ; George Sand, l'Hermaphrodite-Circoncis ; Théophile Gautier, l'Incomparable-Épicier ; Leconte, le Captif-du-Diable ; Goethe, le Suicidé-pour-Pleurer ; Sainte-Beuve, le Suicidé-pour-Rire ; Lamartine, la Cigogne-Larmoyante ; Lermontoff, le Tigre-qui-Rugit ; Victor Hugo, le Funèbre-Échalas-Vert ; Mickiewicz, l'Imitateur-de-Satan ; Musset, le Gandin-Sans-Chemise-Intellectuelle ; et Byron, l'Hippopotame-des-Jungles-Infernales.

Le doute a existé de tout temps en minorité. Dans ce siècle, il est en majorité. Nous respirons la violation du devoir par les pores. Cela ne s'est vu qu'une fois ; cela ne se reverra plus.

CATULLE

Poésies

Je vous enculerai et je me ferai sucer, Aurelius le giton et toi, Furius, l'enculé, qui, parce que mes petits vers sont licencieux, m'avez accusé de dévergondage. Un poète pieux doit être chaste dans sa personne ; pour ses petits vers, ce n'est pas nécessaire ; ils n'ont de sel et de grâce qu'à la condition d'être licencieux et dévergondés et d'avoir de quoi exciter le prurit, je ne dis pas chez les enfants, mais chez les hommes poilus qui ne peuvent plus mouvoir leurs reins engourdis. Et vous, parce que vous avez vu dans mon livre des milliers de baisers, vous m'accusez de n'être pas un vrai mâle ? Je vous enculerai et je me ferai sucer.

✳

Je crois bien, n'en déplaise aux dieux, que je ne ferais aucune différence si je sentais la bouche ou le cul d'Æmilius. L'une n'est pas plus propre, l'autre n'est pas plus sale, et même son cul est encore plus propre, et préférable ; car il n'a pas de dents ; sa bouche a des dents d'un pied et demi et des gencives comme celles d'un vieux coffre de voiture, et avec ça un rictus qui rappelle le con, béant par la chaleur, d'une mule qui pisse. Mon homme baise beaucoup et fait le beau. Et l'on ne l'envoie pas à la meule et à l'âne du boulanger ? Et celles qui le touchent, qu'en penserons-nous ? Ne sont-elles pas dignes de lécher le cul d'un bourreau malade ?

LOUIS-FERDINAND CÉLINE

À l'agité du bocal

Je ne lis pas grand-chose, je n'ai pas le temps. Trop d'années perdues déjà en tant de bêtises et de prison ! Mais on me presse, adjure, tarabuste... Il faut que je lise absolument, paraît-il, une sorte d'article, le « Portrait d'un Antisémite », par Jean-Baptiste [*sic*] Sartre (*Temps modernes*, décembre 1945). Je parcours ce long devoir, jette un œil, ce n'est ni bon ni mauvais, ce n'est rien du tout, un pastiche... une façon de « Lamanière-deux ». Ce petit J.B.S. a lu *L'Étourdi, L'Amateur de Tulipes*, etc. Il s'y est pris, évidemment, il n'en sort plus... Toujours au lycée, ce J.B.S. ! toujours aux pastiches, aux « Lamanièredeux »... La manière de Céline aussi... et puis de bien d'autres... « Putains », etc. « Têtes de rechange »... « Maïa »... Rien de grave, bien sûr. J'en traîne un certain nombre au cul de ces petits « Lamanièredeux »... Qu'y puis-je ? Étouffants, haineux, foireux, bien traîtres, demi-sangsues, demi-ténias, ils ne me font point d'honneur, je n'en parle jamais, c'est tout. Progéniture de l'ombre. Décence. Oh ! Je ne veux aucun mal au petit J.B.S. ! Son sort où il est placé est bien assez cruel ! Puisqu'il s'agit d'un devoir, je lui aurais donné volontiers 7 sur 20 et n'en parlerais plus... Mais page 462 la petite fiente il m'interloque ! Ah, le damné pourri croupion ! Qu'ose-t-il écrire ? « *Si Céline a pu soutenir les thèses socialistes des nazis c'est qu'il était payé.* » Textuel. Holà ! Voici donc ce qu'écrivait ce petit bousier pendant que j'étais en prison en plein péril qu'on me pende. Satanée petite saloperie gavée de merde, tu me sors de l'entre-fesse pour me salir au-dehors ! Anus Caïn pfoui. Que cherches-tu ? Qu'on m'assassine ! C'est l'évidence ! Ici ! Que je t'écrabouille ! Oui !... je le vois en photo... ces gros yeux... ce crochet... cette ventouse baveuse... c'est un cestode ! Que n'inventerait-il, le monstre, pour qu'on m'assassine ! À peine sorti de mon caca, le voici qui me dénonce ! Le plus fort est que page 451 il a le fiel de nous prévenir : « *Un homme qui trouve naturel de dénoncer des hommes ne peut avoir notre conception de l'honneur, même ceux dont il se fait le bienfaiteur il ne les voit pas avec nos yeux, sa généro-sité, sa douceur, ne sont pas semblables à notre douceur, à notre générosité, on ne peut pas localiser la passion.* »

Dans mon cul où il se trouve, on ne peut pas demander à J.B.S. d'y voir bien clair, ni de s'exprimer nettement. J.B.S. a semble-t-il cependant prévu le cas de la solitude et de l'obscurité dans mon anus... J.B.S. parle évidemment de lui-même lorsqu'il écrit page 451 : « *Cet homme redoute toute espèce de soli-tude, celle du génie comme celle de l'assassin.* » Com-prenons ce que parler veut dire... Sur la foi des hebdomadaires J.B.S. ne se voit plus que dans la peau du génie. Pour ma part et sur la foi de ses propres textes, je suis bien forcé de ne plus voir J.B.S. que dans la peau d'un assassin, et mieux encore, d'un foutu donneur, maudit, hideux chiant pourvoyeur, bourrique à lunettes. Voici que je m'emballe ! Ce n'est pas de mon âge, ni de mon état... J'allais clore là... dégoûté, c'est tout... Je réfléchis... Assassin et génial ? Cela s'est vu... Après tout... C'est peut-être le cas de Sartre ? Assassin il est, il voudrait l'être, c'est entendu mais, génial ? Petite crotte à mon cul géniale ? hum ?... c'est à voir... oui certes, cela peut éclore... se déclarer... mais J.B.S. ? Ces yeux d'embryonnaire ? ces mesquines épaules ?... ce gros petit bidon ? Ténia bien sûr, ténia d'homme, situé où vous savez... et philosophe !... c'est bien des cho-ses... Il a délivré, paraît-il, Paris à bicyclette... Il a fait joujou... au Théâtre, à la Ville, avec les horreurs de l'époque, la guerre, les supplices, les fers, le feu. Mais les temps évoluent, et le voici qui croît, gonfle énormément, J.B.S. ! Il ne se possède plus... il ne se connaît plus... d'embryon qu'il est il tend à passer créature... le cycle... il en a assez du joujou, des tri-cheries... il court après les épreuves, les vraies épreu-ves... la prison, l'expiation, le bâton, et le plus gros de tous les bâtons : le Poteau... le Sort entreprend J.B.S... les Furies ! finies les bagatelles... Il veut pas-ser tout à fait monstre !... Il engueule de Gaulle du coup !

Quel moyen ! Il veut commettre l'irréparable ! Il y tient ! Les sorcières vont le rendre fou, il est venu les taquiner, elles ne le lâcheront plus... Ténia des étrons,

faux têtard, tu vas bouffer la Mandragore ! Tu passe-
ras succube ! La maladie d'être maudit évolué chez
Sartre... Vieille maladie, vieille comme le monde,
dont toute la littérature est pourrie... Attendez J.B.S.
avant que de commettre les gaffes suprêmes !... Tâtez-
vous ! Réfléchissez que l'horreur n'est rien sans le
Songe et sans la Musique... Je vous vois bien ténia,
certes, mais pas cobra, pas cobra du tout... nul à la
flûte ! Macbeth n'est que du Grand Guignol, et des
mauvais jours, sans musique, sans rêve... Vous êtes
méchant, sale, ingrat, haineux, bourrique, ce n'est pas
tout J.B.S. ! Cela ne suffit pas... Il faut danser
encore !... Je veux bien me tromper bien sûr... Je ne
demande pas mieux... J'irai vous applaudir lorsque
vous serez enfin devenu un vrai monstre, que vous
aurez payé, aux sorcières, ce qu'il faut, leur prix, pour
qu'elles vous transmutent, éclosent, en vrai phénomène. En ténia qui joue de la flûte.

M'avez-vous assez prié et fait prier par Dullin, par
Denoël, supplié « sous la botte » de bien vouloir descendre vous applaudir ! Je ne vous trouvais ni dansant, ni
flûtant, vice terrible à mon sens, je l'avoue... Mais
oublions tout ceci ! Ne pensons plus qu'à l'avenir !
Tâchez que vos démons vous inculquent la flûte ! Flûte
d'abord ! Regardez Shakespeare, lycéen ! 3/4 de flûte, 1/4
de sang... 1/4 suffit je vous assure... mais du vôtre
d'abord ! avant tous les autres sangs. L'Alchimie a ses lois...
le « sang des autres » ne plaît point aux Muses... Réflé-
chissons... Vous avez emporté tout de même votre petit
succès au « Sarah », *sous la botte*, avec vos *Mouches*...
Que ne troussez-vous maintenant trois petits actes, en
vitesse, de circonstance, sur le pouce, *Les Mouchards* ?

173

Revuette rétrospective... L'on vous y verrait en personne, avec vos petits potes, en train d'envoyer vos confrères détestés, dits « Collaborateurs », au bagne, au poteau, en exil... Serait-ce assez cocasse ? Vous-même, bien entendu, fort de votre texte, au tout premier rôle... en ténia persifleur et philosophe... Il est facile d'imaginer cent coups de théâtre, péripéties et rebondissements des plus farces dans le cours d'une féerie de ce genre... et puis au tableau final un de ces « Massacre Général » qui secouera toute l'Europe de folle rigolade ! (Il est temps !) Le plus joyeux de la décade ! Qu'ils en pisseront, foireront encore à la 500ᵉ !... et bien au-delà ! (L'au-delà ! Hi ! Hi !) L'assassinat des « Signataires », les uns par les autres !... vous-même par Cassou... cestuy par Eluard ! l'autre par sa femme et Mauriac ! et ainsi de suite jusqu'au dernier !... Vous vous rendez compte ! L'Hécatombe d'Apothéose ! Sans oublier la chair, bien sûr !... Grand défilé de filles superbes, nues absolument dandinantes... orchestre du Grand Tabarin... Jazz des « Constructeurs du Mur »... « Atlantist Boys »... concours assuré... et la grande partouze des fantômes en surimpression lumineuse... 200 000 assassinés, forçats, choléras, indignes... et tondues ! à la farandole ! du parterre du Ciel ! Chœur des « Pendeurs de Nuremberg »... Et dans le ton vous concevez *plus-qu'existence, instantaniste, massacriste*... Ambiance par hoquets d'agonie, bruits de coliques, sanglots, ferrailles... « Au secours ! »... Fond sonore : « Machines à Hurrahs ! »... Vous voyez ça ? Et puis pour le clou, à l'entr'acte : Enchères de menottes !... et *Buvette au Sang. Le Bar futuriste absolu.* Rien que du vrai sang ! au bock, cru, certifié des hôpitaux... du matin même ! sang d'aorte, sang de fœtus, sang

174

d'hymen, sang de fusillés !... Tous les goûts ! Ah ! quel avenir J.B.S. ! Que vous en ferez des merveilles quand vous serez éclos Vrai Monstre ! Je vous vois déjà hors de fiente, jouant déjà presque de la flûte, de la vraie petite flûte ! à ravir !... déjà presque un vrai petit artiste ! Sacré J.B.S. !

« CAFARD, MOUCHARD, SAVOYARD, COMMUNARD ! »

De la joute

OLIVIER SALON

Ce fêlé de mec

C'est l'été. En béret, spencer en stretch pervenche, veste de tweed empesée genre Hermès et revers de tweed, bretelles crème, vêtement percé de perles grèges, semelles de crêpe légères, Serge est en Grèce. Serge rêve de belles femmes, de déesses et d'êtres de légende, tels Hélène, Hermès, Égée, Thésée et Énée. Bref, Serge recherche Hélène et les mecs ! Ses errements le mènent en Crète. Près des cendres de Médée, Serge repère Greg, bel éphèbe, genre Berbère, et le hèle.

— Hep !

En effet, l'été précédent, en Crète, Serge se le remet en tête.

Greg le Grec (de Delphes) et Serge l'Helvète (de Genève) se présentent. D'emblée, Greg se révèle revêche.

— Défense d'entrer, c'est fermé, décrète le Grec, pète-sec.

— Permets, tempère Serge embêté, je vénère et même révère les restes des gens célèbres de Crète.

— Respecte le règlement, reprend sèchement Greg.

— Je gêne réellement ? émet Serge, vexé.

— Enlève tes semelles de mes terres, jette Greg véhément.

— Je reste, et même j'entre, s'entête Serge.

Mésentente sévère.

Greg s'énerve et enfle ses gestes.

— Serge me cherche, ce me semble…

— Des nèfles !

— Espèce de kleenex, je te jette.

— Je t'emmerde !

— Vénère !

Leste, Greg prend le revers de veste de Serge et tente de l'éjecter. Les bretelles cèdent. Serge rentre le ventre et serre les fesses. De ses dents, ce fêlé de Greg perce les lèvres et le nez de Serge.

— Descends en enfer, tempête Serge excédé, les lèvres enflées.

— Reste et végète en géhenne, bêle Greg.

Le Grec perd les nerfs et tente d'étêter Serge.

— Serpent délétère !

— Ver de terre en germe !

— Chèvre dégénérée !

— Chevêche échevelée !

— Clebs en déshérence !

— Crevette desséchée !

— Teckel breveté !

— Bête entre les bêtes !

Tempête terrestre. Greg le pervers jette des pêches, des vertes et des blettes. Serge serre très fermement, presse extrêmement les tempes de Greg. Cette défense est sensée, et Greg perd lentement ses repères. Les mem-

180

bres enchevêtrés, Greg est renversé pêle-mêle. En détresse, le blessé reprend :

— Esthète éméché, j'espère te démembrer et t'édenter, te défenestrer, t'éventrer, te crever et perdre tes cendres.

— Expert éthéré, j'entends te décérébrer, t'étêter, te pendre et t'enterrer.

— Je t'exècre, excrément d'exégète !

— Je te déteste, déchet écervelé de Crète !

— Redescends vers Genève, détergent fermenté !

— Espèce de Prévert en gelée !

Blême, Greg tente de se redresser. Désespéré, le Grec ne cesse de trembler, s'étend, desserre lentement les lèvres, émet entre ses dents : « Espèce de *Revenent* déréglé de chez Perec » et décède prestement.

JEAN GIRAUDOUX

La guerre de Troie n'aura pas lieu

LE GÉOMÈTRE
Avant de se lancer leurs javelots, les guerriers grecs se
lancent des épithètes... Cousin de crapaud, se crient-
ils ! Fils de bœuf... Ils s'insultent, quoi ! Et ils ont raison. Ils savent que le corps est plus vulnérable quand
l'amour-propre est à vif. Des guerriers connus pour leur
sang-froid le perdent illico quand on les traite de verrues
ou de corps thyroïdes. Nous autres Troyens manquons
terriblement d'épithètes.

DEMOKOS
Le Géomètre a raison. Nous sommes vraiment les
seuls à ne pas insulter nos adversaires avant de les tuer...

PÂRIS
Tu ne crois pas suffisant que les civils s'insultent, géomètre ?

LE GÉOMÈTRE

Les armées doivent partager les haines des civils. Tu les connais, sur ce point, elles sont décevantes. Quand on les laisse à elles-mêmes, elles passent leur temps à s'estimer. Leurs lignes déployées deviennent bientôt les seules lignes de vraie fraternité dans le monde, et du fond du champ de bataille, où règne une considération mutuelle, la haine est refoulée sur les écoles, les salons ou le petit commerce. Si nos soldats ne sont pas au moins à égalité dans le combat d'épithètes, ils perdront tout goût à l'insulte, à la calomnie, et par suite immanquablement à la guerre.

DEMOKOS

Adopté ! Nous leur organiserons un concours dès ce soir.

PÂRIS

Je les crois assez grands pour les trouver eux-mêmes.

DEMOKOS

Quelle erreur ! Tu les trouverais de toi-même, tes épithètes, toi qui passes pour habile ?

PÂRIS

J'en suis persuadé.

DEMOKOS

Tu te fais des illusions. Mets-toi en face d'Abnéos, et commence.

PÂRIS

Pourquoi d'Abnéos ?

DEMOKOS

Parce qu'il prête aux épithètes, ventru et bancal comme il est.

ABNÉOS

Dis donc, moule à tarte !

PÂRIS

Non. Abnéos ne m'inspire pas. Mais en face de toi, si tu veux.

DEMOKOS

De moi ? Parfait ! Tu vas voir ce que c'est, l'épithète improvisée ! Compte dix pas… J'y suis… Commence…

HÉCUBE

Regarde-le bien. Tu seras inspiré.

PÂRIS

Vieux parasite ! Poète aux pieds sales !

DEMOKOS

Une seconde… Si tu faisais précéder les épithètes du nom, pour éviter les méprises…

PÂRIS

En effet, tu as raison… Demokos ! Œil de veau ! Arbre à pellicules !

DEMOKOS

C'est grammaticalement correct, mais bien naïf. En quoi le fait d'être appelé arbre à pellicules peut-il me faire monter l'écume aux lèvres et me pousser à tuer ! Arbre à pellicules est complètement inopérant.

HÉCUBE

Il t'appelle aussi Œil de veau.

DEMOKOS

Œil de veau est un peu mieux… Mais tu vois comme tu patauges, Pâris ? Cherche donc ce qui peut m'atteindre. Quels sont mes défauts, à ton avis ?

PÂRIS

Tu es lâche, ton haleine est fétide, et tu n'as aucun talent.

DEMOKOS

Tu veux une gifle ?

PÂRIS

Ce que j'en dis, c'est pour te faire plaisir.

LA PETITE POLYXÈNE

Pourquoi gronde-t-on l'oncle Demokos, maman ?

HÉCUBE

Parce que c'est un serin, chérie !

DEMOKOS

Vous dites, Hécube ?

HÉCUBE

Je dis que tu es un serin, Demokos. Je dis que si les serins avaient la bêtise, la prétention, la laideur et la puanteur des vautours, tu serais un serin.

DEMOKOS

Tiens, Pâris ! Ta mère est plus forte que toi. Prends modèle.

WILLIAM SHAKESPEARE

Le Roi Lear

OSWALD
La matinée te soit propice, ami ! Es-tu de la maison ?

KENT
Oui.

OSWALD
Où pouvons-nous mettre nos chevaux ?

KENT
Dans la boue.

OSWALD
Je t'en prie, dis-le-moi en ami.

KENT
Je ne suis pas ton ami.

OSWALD

Aussi bien, je ne me soucie pas de toi.

KENT

Si je te tenais dans la fourrière de Lipsbury, je t'obligerais bien à te soucier de moi.

OSWALD

Pourquoi me traites-tu ainsi ? Je ne te connais pas.

KENT

Compagnon, je te connais.

OSWALD

Et pour qui me connais-tu ?

KENT

Pour un drôle ! un maroufle, un mangeur de reliefs, un infâme, un insolent, un sot, un gueux à trois livrées, un cuistre à cent écus, un drôle en sales bas de laine, un lâche au foie de lis, un vil chicanier, un fils de putain, un lorgneur de miroir, un flagorneur, un faquin, un maraud héritant de toutes les défroques ! un gredin qui voudrait être maquereau à force de bons offices, et qui n'est qu'un composé du fourbe, du mendiant, du couard, et de l'entremetteur ! le fils et héritier d'une lice bâtarde ! un gaillard que je veux faire éclater en hurlements plaintifs, si tu oses nier la moindre syllabe de ton signalement !

OSWALD

Eh ! quel monstrueux coquin es-tu donc, pour déblatérer ainsi contre un homme qui n'est pas connu de toi et ne te connaît pas ?

KENT

Il faut que tu sois un manant à face bien bronzée, pour nier que tu me connaisses. Il n'y a pas deux jours que je t'ai culbuté et battu devant le roi. Dégaine, coquin. Quoiqu'il soit nuit encore, la lune brille, je vais t'infiltrer un rayon de lune... Dégaine, putassier, couillon ! dégaine, dameret ! *(Il met l'épée à la main.)*

OSWALD

Arrière ! je n'ai pas affaire à toi.

KENT

Dégainez, misérable ! ah ! vous arrivez avec des lettres contre le roi ; vous prenez le parti de la poupée Vanité contre la majesté de son père. Dégainez, coquin, ou je vais vous hacher les jarrets avec ceci... Dégainez, misérable : en garde !

OSWALD

Au secours ! holà ! au meurtre ! au secours !

KENT, *le frappant*

Poussez donc, manant ! Ferme, coquin, ferme !... poussez donc, fieffé manant.

OSWALD

Au secours, holà ! au meurtre ! au meurtre !

Entrent Edmond, Cornouailles, Régane et leur suite,
puis Glocester.
   [...]

CORNOUAILLES, *à Oswald.*
Parlez donc ! comment surgit cette querelle ?

OSWALD
Ce vieux ruffian, seigneur, dont j'ai épargné la vie à
la requête de sa barbe grise...

KENT
Zed bâtard ! lettre inutile !... Milord, si vous me le
permettez, je vais piler en mortier ce scélérat brut et en
crépir le mur des latrines... Toi, épargner ma barbe
grise, chétif hoche-queue !

CORNOUAILLES
Paix, drôle !... Grossier manant, ignores-tu le respect ?

KENT
Non, monsieur ; mais la colère a ses privilèges.

CORNOUAILLES
Qu'est-ce qui te met en colère ?

KENT
C'est de voir porter l'épée par un maraud qui ne
porte pas l'honneur. Ces maroufles souriants rongent,
comme des rats, les liens sacrés trop étroitement serrés
pour être dénoués ; ils caressent toutes les passions qui

se rebellent dans le cœur de leurs maîtres, jettent l'huile sur le feu, la neige sur les glaciales froideurs, nient, affirment, et tournent leur bec d'alcyon à tous les vents du caprice de leur maître ! Ainsi que les chiens, ils ne savent que suivre ! (*À Oswald.*) Peste soit de votre visage épileptique ! Vous souriez de mes discours, comme si j'étais un imbécile ! Oison, si je vous tenais dans la place de Sarum, je vous pourchasserais toujours caquetant jusqu'à Camelot !

ARISTOPHANE

Les Nuées

LE JUSTE
Viens ici, et montre-toi aux spectateurs, si impudent
que tu sois.

L'INJUSTE
Allons où tu voudras, il me sera beaucoup plus facile,
en parlant devant la multitude, de t'anéantir.

LE JUSTE
M'anéantir, toi ? Qui es-tu donc ?

L'INJUSTE
Le Raisonnement.

LE JUSTE
Oui, le plus faible.

192

L'INJUSTE
Mais je te vaincrai, toi qui te vantes d'être le plus fort.

LE JUSTE
Par quel art ?

L'INJUSTE
Par la nouveauté de mes idées.

LE JUSTE
En effet, elles fleurissent parmi les insensés.

L'INJUSTE
Non pas ; auprès des sages.

LE JUSTE
Je te mettrai à male mort.

L'INJUSTE
Dis-moi, en quoi faisant ?

LE JUSTE
En disant ce qui est juste.

L'INJUSTE
Et moi je renverserai tout cela, en te contredisant.
Et d'abord je soutiens absolument qu'il n'y a pas de
justice.

LE JUSTE
Pas de justice ?

L'INJUSTE
Oui ; où est-elle ?

LE JUSTE
Chez les dieux.

L'INJUSTE
Comment donc, si la justice existe, Zeus n'a-t-il pas
péri pour avoir enchaîné son père ?

LE JUSTE
Eh quoi ! Voilà où en est venue la perversité ?
Apporte-moi un bassin.

L'INJUSTE
Tu es un vieux radoteur, un mal équilibré !

LE JUSTE
Tu es un infâme et un éhonté !

L'INJUSTE
Tu me couvres de roses.

LE JUSTE
Un impie !

L'INJUSTE
Tu me couronnes de lis.

LE JUSTE
Un parricide !

L'INJUSTE
Tu m'arroses d'or, sans t'en apercevoir.

LE JUSTE
Autrefois ce n'était pas de l'or, mais du plomb.

L'INJUSTE
Aujourd'hui, ce m'est une parure.

LE JUSTE
Tu n'es pas mal effronté.

L'INJUSTE
Et toi, une vraie ganache.

LE JUSTE
C'est à cause de toi que les jeunes gens ne veulent
plus fréquenter les écoles. On ne tardera pas à connaître
chez les Athéniens ce que tu enseignes à des fous.

L'INJUSTE
Tu es d'une saleté honteuse.

LE JUSTE
Et toi dans une bonne situation ; mais il n'y a pas
longtemps que tu mendiais. Tu disais : « Je suis Télé-
phos le Mysien », tirant de ta besace, pour les grignoter,
des maximes de Pandélétos.

L'INJUSTE
La belle sagesse...

LE JUSTE
La belle folie…

L'INJUSTE
Que tu nous vantes !

LE JUSTE
Que la tienne et celle de la ville qui te nourrit, toi le corrupteur des jeunes gens.

L'INJUSTE
Ne veux-tu pas instruire ce jeune homme, vieux Kronos ?

LE JUSTE
Sans doute, s'il faut le sauver et ne pas l'exercer seulement au bavardage.

L'INJUSTE
Viens ici, et laisse celui-ci à sa folie !

LE JUSTE
Je te ferai crier, si tu avances la main vers lui.

LE CHŒUR
Trêve à cette lutte et à ces insultes. Mais fais voir, toi, ce que tu enseignais aux hommes d'autrefois ; toi, ce qu'est l'éducation nouvelle. De la sorte, après vous avoir entendus tous les deux exposer le pour et le contre, il jugera quelle école il faut fréquenter.

EDMOND ROSTAND

Cyrano de Bergerac

LE VICOMTE, *suffoqué*
            Ces grands airs arrogants !
Un hobereau qui… qui… n'a même pas de gants !
Et qui sort sans rubans, sans bouffettes, sans ganses !

CYRANO
Moi, c'est moralement que j'ai mes élégances.
Je ne m'attife pas ainsi qu'un freluquet,
Mais je suis plus soigné si je suis moins coquet ;
Je ne sortirais pas avec, par négligence,
Un affront pas très bien lavé, la conscience
Jaune encor de sommeil dans le coin de son œil,
Un honneur chiffonné, des scrupules en deuil.
Mais je marche sans rien sur moi qui ne reluise,
Empanaché d'indépendance et de franchise ;
Ce n'est pas une taille avantageuse, c'est
Mon âme que je cambre ainsi qu'en un corset,
Et tout couvert d'exploits qu'en rubans je m'attache,

Retroussant mon esprit ainsi qu'une moustache,
Je fais, en traversant les groupes et les ronds,
Sonner les vérités comme des éperons.

LE VICOMTE
Mais, monsieur...

CYRANO
                    Je n'ai pas de gants ?... la belle affaire !
Il m'en restait un seul... d'une très vieille paire !
Lequel m'était d'ailleurs encor fort importun :
Je l'ai laissé dans la figure de quelqu'un.

LE VICOMTE
Maraud, faquin, butor de pied plat ridicule !

CYRANO, *ôtant son chapeau et saluant comme si le vicomte venait de se présenter.*
Ah ?... Et moi, Cyrano-Savinien-Hercule
De Bergerac. *(Rires.)*

LE VICOMTE, *exaspéré.*
                    Bouffon !

CYRANO, *poussant un cri comme lorsqu'on est saisi d'une crampe.*
                    Ay !...

LE VICOMTE, *qui remontait, se retournant.*
                            Qu'est-ce encor qu'il dit ?

CYRANO, *avec des grimaces de douleur.*
Il faut la remuer car elle s'engourdit...

— Ce que c'est que de la laisser inoccupée !
— Ay !...

LE VICOMTE
                    Qu'avez-vous ?

CYRANO
                    J'ai des fourmis dans mon épée !

LE VICOMTE, *tirant la sienne.*
Soit !

CYRANO
        Je vais vous donner un petit coup charmant.

LE VICOMTE, *méprisant.*
Poète !...

CYRANO
                    Oui, monsieur, poète ! et tellement,
Qu'en ferraillant je vais – hop ! – à l'improvisade,
Vous composer une ballade.

LE VICOMTE
                    Une ballade ?

CYRANO
Vous ne vous doutez pas de ce que c'est, je crois ?

LE VICOMTE
Mais...

CYRANO, *récitant comme une leçon.*
　　　　La ballade, donc, se compose de trois
Couplets de huit vers...

LE VICOMTE, *piétinant.*
　　　　　　　　　　Oh !

CYRANO, *continuant.*
　　　　　　　　Et d'un envoi de quatre...

LE VICOMTE
Vous...

CYRANO
　　　　Je vais tout ensemble en faire une et me battre,
Et vous toucher, monsieur, au dernier vers.

LE VICOMTE
　　　　　　　　　　　　Non !

CYRANO
　　　　　　　　　　　　Non ?
(Déclamant) « Ballade du duel qu'en hôtel bourgui-
　　　　　　　　　　　　　[gnon
Monsieur de Bergerac eut avec un bélître ! »

LE VICOMTE
Qu'est-ce que c'est que ça, s'il vous plaît ?

CYRANO
　　　　　　　　　C'est le titre.

BONAVENTURE DES PÉRIERS

Les Nouvelles Récréations

Le regent s'approche d'elle et luy vient heurter le bac-
quet où elle tenoit ses harens, en disant « Et que fault-il
à ceste vieille dampnée ? – Oh le clerice ! dit la vieille ;
es-tu venu assez tost pour te prendre à moy ? – Qui
m'ha baillé ceste vieille macquerelle ? dit le regent. Par
la lumiere ! c'est à toy voyrement à qui j'en veux. » Et,
en disant cela, il se plante devant elle, comme voulant
escrimer à beaux coups de langue. La harangere, se
voyant deffiée : « Mercy Dieu ! dit-elle ; tu en veulx
donc avoir, magister crotté ? Allons, allons, par ordre,
gros baudet, et tu verras comment je t'accoustrerai.
Parle ! c'est à toy. – Allez, vieille sempiterneuse ! dit le
regent. – Va, ruffien ! – Allez, villaine ! – Va, maraud ! »
Incontinent qu'ilz furent en train, je m'en vins, car
j'avois affaire ailleurs. Mais j'ay bien ouy dire à ceux qui
en sçavoyent quelque chose que les deux personnages
combatirent vaillamment et s'entredirent chascun une
centaine de bonnes et fortes injures d'arrachepied ; mais

il advint au regent d'en dire une deux fois, car on dit qu'il l'appela *villaine* pour la seconde fois. Mais la harangere luy en feit bien souvenir. « Mercy Dieu ! dit-elle, tu l'as desja dict, filz de putain que tu es ! – Et bien ! bien ! dit le regent, n'es-tu pas bien villaine deux fois, voyre trois ? – Tu as menty, crapaut infaict. » Il fault croire que le champion et la championne furent tout un temps à se battre si vertueusement, que ceux qui les regardoyent ne sçavoyent qui devoit avoir du meilleur. Mais, à la fin, le régent, estant au bout de son premier rollet, va tirer l'autre de sa manche, lequel il ne sçavoit pas par cueur comme l'autre, et, pour ce, il se troubla un petit, voyant que la harangere ne faisoit que se mettre en train, et se va mettre à lire ce qui estoit dedans, qui estoyent injures collégiales, et luy vouloit despescher tout d'une traicte, pour penser estonner la vieille en luy disant : « Alecto, Megera, Thesiphone, detestable, execrable, infande abominable ! » Mais la harangere le va interrompre : « là ! mercy Dieu ! dit-elle, tu ne sçais plus où tu en es ? Parle bon françois, je te respondray bien, grand niaiz ! parle bon françois ! Ah ! tu apportes un rollet ! Va estudier, maistre Jean ! va, tu ne sçais pas ta leçon ! » Et, comme à un chien, la deesse abbaye, et toutes ces harangeres se mettent à crier sus luy et le presser tellement, qu'il n'eut rien meilleur que se sauver de vitesse, car il eust esté accablé, le povre homme. Et pour certain, il ha esté trouvé que, quand il eust eu un Calepin, un vocabulaire, un dictionnaire, un promptuaire, un trésor d'injures, il n'eust pas eu le dernier de cette diablesse. Par ainsi, il s'en alla mettre en franchise au college de Montaigu, courant tout d'une allenée, sans regarder derrière soy.

ALFRED JARRY

Ubu roi

PÈRE UBU

De par ma chandelle verte, le roi Venceslas est encore bien vivant ; et même en admettant qu'il meure, n'a-t-il pas des légions d'enfants ?

MÈRE UBU

Qui t'empêche de massacrer toute la famille et de te mettre à leur place ?

PÈRE UBU

Ah ! Mère Ubu, vous me faites injure et vous allez passer tout à l'heure par la casserole.

MÈRE UBU

Eh ! pauvre malheureux, si je passais par la casserole, qui te raccommoderait tes fonds de culotte ?

PÈRE UBU

Eh vraiment ! et puis après ? N'ai-je pas un cul comme les autres ?

MÈRE UBU

À ta place, ce cul, je voudrais l'installer sur un trône. Tu pourrais augmenter indéfiniment tes richesses, manger fort souvent de l'andouille et rouler carrosse par les rues.

PÈRE UBU

Si j'étais roi, je me ferais construire une grande capeline comme celle que j'avais en Aragon et que ces gredins d'Espagnols m'ont impudemment volée.

MÈRE UBU

Tu pourrais aussi te procurer un parapluie et un grand caban qui te tomberait sur les talons.

PÈRE UBU

Ah ! je cède à la tentation. Bougre de merdre, merdre de bougre, si jamais je le rencontre au coin d'un bois, il passera un mauvais quart d'heure.

MÈRE UBU

Ah ! bien, Père Ubu, te voilà devenu un véritable homme.

PÈRE UBU

Oh non ! moi, capitaine de dragons, massacrer le roi de Pologne ! plutôt mourir !

MÈRE UBU, *à part.*

Oh ! merdre ! *(Haut.)* Ainsi, tu vas rester gueux comme un rat, Père Ubu.

PÈRE UBU

Ventrebleu, de par ma chandelle verte, j'aime mieux être gueux comme un maigre et brave rat que riche comme un méchant et gras chat.

MÈRE UBU

Et la capeline ? et le parapluie ? et le grand caban ?

PÈRE UBU

Eh bien, après, Mère Ubu ? *(Il s'en va en claquant la porte.)*

MÈRE UBU, *seule.*

Vrout, merdre, il a été dur à la détente, mais vrout, merdre, je crois pourtant l'avoir ébranlé. Grâce à Dieu et à moi-même, peut-être dans huit jours serai-je reine de Pologne.

[...]

BOUGRELAS

En avant, mes amis ! Vive la Pologne !

PÈRE UBU

Oh ! oh ! attends un peu, monsieur le Polognard. Attends que j'en aie fini avec madame ma moitié !

BOUGRELAS, *le frappant.*

Tiens, lâche, gueux, sacripant, mécréant, musulman !

PÈRE UBU, *ripostant.*

Tiens ! Polognard, soûlard, bâtard, hussard, tartare, calard, cafard, mouchard, savoyard, communard !

MÈRE UBU, *le battant aussi.*

Tiens, capon, cochon, félon, histrion, fripon, souillon, polochon !

Les Soldats se ruent sur les Ubus qui se défendent de leur mieux.

POUR FINIR

Une leçon de politesse

PIERRE LOUŸS

Ne dites pas… dites…

Ne dites pas : « Mon con. » Dites : « Mon cœur. »

Ne dites pas : « J'ai envie de baiser. » Dites : « Je suis nerveuse. »

Ne dites pas : « Je viens de jouir comme une folle. » Dites : « Je me sens un peu fatiguée. »

Ne dites pas : « Je vais me branler. » Dites : « Je vais revenir. »

Ne dites pas : « Quand j'aurai du poil au cul. » Dites : « Quand je serai grande. »

Ne dites pas : « J'aime mieux la langue que la queue. » Dites : « Je n'aime que les plaisirs délicats. »

Ne dites pas : « Entre mes repas je ne bois que du foutre. » Dites : « J'ai un régime spécial. »

Ne dites pas : « J'ai douze godemichés dans mon tiroir. » Dites : « Je ne m'ennuie jamais toute seule. »

Ne dites pas : « Les romans honnêtes m'emmerdent. » Dites : « Je voudrais quelque chose d'intéressant à lire. »

Ne dites pas : « Elle jouit comme une jument qui pisse. » Dites : « C'est une exaltée. »

Ne dites pas : « Quand on lui montre une pine, elle se fâche. » Dites : « C'est une originale. »

Ne dites pas : « C'est une fille qui se branle à en crever. » Dites : « C'est une sentimentale. »

Ne dites pas : « C'est la plus grande putain de la terre. » Dites : « C'est la meilleure fille du monde. »

Ne dites pas : « Elle se laisse enculer par tous ceux qui lui font minette. » Dites : « Elle est un peu flirteuse. »

Ne dites pas : « C'est une gougnotte enragée. » Dites : « Elle n'est pas flirteuse du tout. »

Ne dites pas : « Je l'ai vue baiser par les deux trous. » Dites : « C'est une éclectique. »

Ne dites pas : « Il bande comme un cheval. » Dites : « C'est un jeune homme accompli. »

Ne dites pas : « Sa pine est trop grosse pour ma bouche. » Dites : « Je me sens bien petite fille quand je cause avec lui. »

Ne dites pas : « Il a joui dans ma gueule et moi sur la sienne. » Dites : « Nous avons échangé quelques impressions. »

Ne dites pas : « Quand on le suce, il décharge tout de suite. » Dites : « Il est primesautier. »

Ne dites pas : « Il tire trois coups sans déconner. » Dites : « Il a le caractère très ferme. »

Ne dites pas : « Il baise très bien les petites filles, mais il ne sait pas les enculer. » Dites : « C'est un simple. »

Évitez les comparaisons risquées. Ne dites pas : « Dur comme une pine, rond comme un bouton », et autres expressions qui ne sont pas admises par le dictionnaire de l'Académie.

210

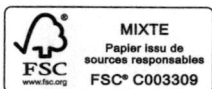

MIXTE
Papier issu de
sources responsables
FSC® C003309

10/18, une marque d'Univers Poche,
est un éditeur qui s'engage pour
la préservation de son environnement
et qui utilise du papier fabriqué à partir
de bois provenant de forêts gérées
de manière responsable.

Impression réalisée par

CPi

BRODARD & TAUPIN

La Flèche (Sarthe), 67837
Dépôt légal : mars 2012

Imprimé en France